Findefix

Wörterbuch

für die Grundschule

mit Schulausgangsschrift

erarbeitet von
Sandra Duscher
Mascha Kleinschmidt-Bräutigam
Margret Kolbe
Dirk Menzel
Anja Wildemann

auf der Grundlage der Ausgabe von
Johann Fackelmann
Robert Müller
Klaus Patho
Susanne Patho

Oldenbourg

Impressum

Redaktion: Bea Herrmann
Illustration: Karsten Teich, Eva Muszynski
Umschlagkonzept: Mendell & Oberer, München
Umschlaggestaltung und Layoutkonzept: grundmanngestaltung, Karlsruhe
Layout und technische Umsetzung: grundmanngestaltung, Karlsruhe
und le-tex publishing services GmbH, Leipzig

www.oldenbourg.de/osv

Dieses Werk berücksichtigt die Regeln der reformierten Rechtschreibung und Zeichensetzung. Ausnahmen bilden Originaltexte, bei denen lizenzrechtliche Gründe einer Änderung entgegenstehen.

1. Auflage, 3. Druck 2014
Alle Drucke dieser Auflage sind inhaltlich unverändert und können im Unterricht nebeneinander verwendet werden.

Druck: Stürtz GmbH, Würzburg

ISBN 978-3-637-01335-3

Inhalt gedruckt auf säurefreiem Papier aus nachhaltiger Forstwirtschaft.

Inhaltsverzeichnis

Benutzerhinweise zum Ersten Wörterverzeichnis

Am Rand jeder Seite befinden sich untereinander alle Buchstaben des ABCs. Du findest auf jeder Seite Stichwörter, die mit dem Buchstaben beginnen, der in dieser Leiste dick hervorgehoben ist.

Die Stichwörter stehen im Ersten Wörterverzeichnis in Druckschrift und in Schreibschrift.

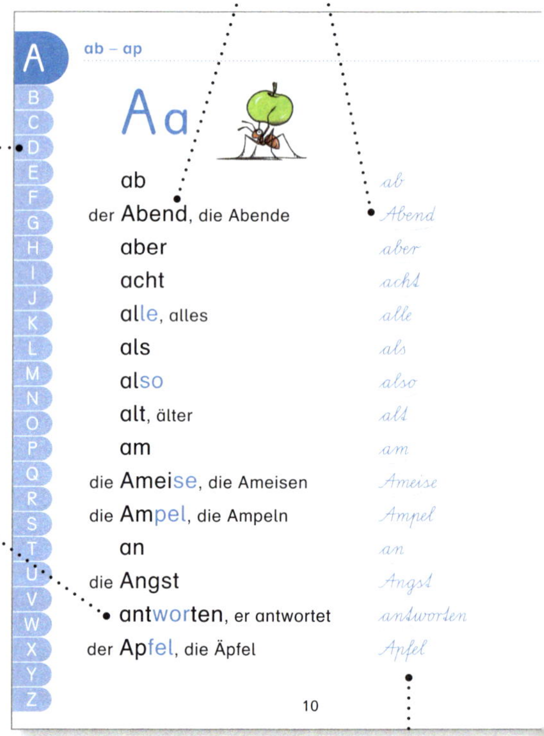

A B C D E F G H I J K L M N O P Q R S T U V W X Y Z

ab – ap

Aa

	ab	ab
der	Abend, die Abende	Abend
	aber	aber
	acht	acht
	alle, alles	alle
	als	als
	also	also
	alt, älter	alt
	am	am
die	Ameise, die Ameisen	Ameise
die	Ampel, die Ampeln	Ampel
	an	an
die	Angst	Angst
	antworten, er antwortet	antworten
der	Apfel, die Äpfel	Apfel

10

In der Druckschrift stehen die Silben der Stichwörter abwechselnd in schwarzer und in blauer Schrift. So kannst du sehen, wo du ein Wort trennen kannst.

In der Schreibschrift stehen unter den Silben eines Stichwortes Silbenbögen.

Hier wird dir angegeben, mit welchen beiden Buchstaben das erste und das letzte Stichwort auf einer Seite beginnen.

Wenn du dir unsicher bist, in welchem Buchstaben du dich befindest, hilft dir auch dieses Bildchen weiter. Es zeigt dir immer ein Tier oder eine Figur mit einem Gegenstand, die mit dem gleichen Buchstaben beginnen wie die Stichwörter auf der Seite.

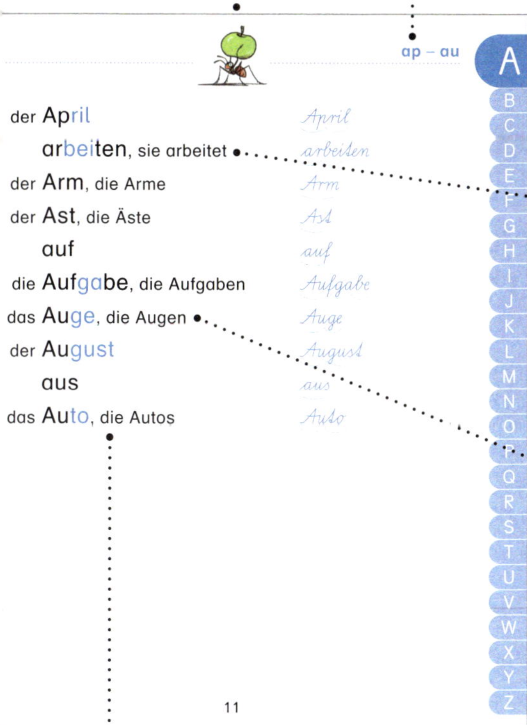

ap – au

A

der April — April
arbeiten, sie arbeitet — arbeiten
der Arm, die Arme — Arm
der Ast, die Äste — Ast
auf — auf
die Aufgabe, die Aufgaben — Aufgabe
das Auge, die Augen — Auge
der August — August
aus — aus
das Auto, die Autos — Auto

B C D E F G H I J K L M N O P Q R S T U V W X Y Z

11

Wenn es sich bei einem Stichwort um ein Verb handelt, ist hinter dem Infinitiv noch die 3. Person Singular angegeben.

Wenn es sich bei einem Stichwort um ein Nomen handelt, dann steht davor noch der bestimmte Artikel.

Bei einem Nomen sind immer der Singular und der Plural angegeben.

So lernst du das ABC

Das Wörterbuch hilft dir, schwierige Wörter richtig zu schreiben. Damit du ein Wort schnell finden kannst, sind die Wörter nach dem ABC geordnet. Du musst also zuerst das ABC kennen, dann kannst du schnell in einem Wörterbuch nachschlagen. Die folgenden Spiele und Übungen helfen dir, das ABC zu lernen, und zeigen dir, wie du ein Wort schnell finden kannst.

1. Lies das ABC und sprich die blauen Buchstaben lauter. Du kannst zu den blauen Buchstaben auch klatschen, klopfen oder mit den Fingern schnippen.

A	**B**	C	**D**
E	**F**	G	H
I	J	**K**	L
M	**N**	**O**	P
Q	**R**	S	**T**
U	**V**	W	
X	Y	Z	

2. Führe dein ABC mit Klatschen, Klopfen oder Fingerschnippen jemandem vor.

3. Starte bei einem der folgenden Buchstaben und sprich das ABC zu Ende.

   H …, G …, Q …, P …, L …,
   U …, E …, S …, J …, C …

4. Lies das ABC. Sprich die fehlenden Buchstaben mit.

   A B ▢ D E F ▢ H I ▢ K ▢ M
   N O ▢ Q R ▢ T ▢ V W ▢ Y Z

5. Schreibe für ein anderes Kind ein Lücken-ABC in großen oder kleinen Buchstaben.

6. Löse die beiden ABC-Rätsel. Es hilft dir, wenn du einen Teil des ABC dazu aufsagst:

Ich bin das H.
Wer steht hinter mir?

Ich bin das M.
Wer steht vor mir?

7. Stelle einem Freund oder einer Freundin solche ABC-Rätsel. Schreibe sie so auf:

P ___	C ___	I ___
___ X	___ T	___ F

8. Sicher schaffst du auch zwei Buchstaben danach und zwei davor.

Q ___ M ___
G ___ U ___

___ E ___ O
___ J ___ N

9. Im Wörterbuch sind Wörter nach dem ABC geordnet. Dazu musst du auf den 1. Buchstaben achten.

Ordne die Namen nach dem ABC, schreibe sie in der richtigen Reihenfolge auf:

Linda • **E**mre • **J**ulian • **T**om • **B**ahar • **I**gor • **A**nisa • **P**aula

Anisa, …

10. Schaue dich nun im Klassenzimmer oder deinem Kinderzimmer um und mache eine ABC-Liste mit den Gegenständen darin. Zu manchen Buchstaben findest du wahrscheinlich nichts. Lasse einfach eine Lücke. Du kannst auch mehrere Dinge zu einem Buchstaben schreiben.

A	Abfalleimer
B	Bücher
C	
D	
E	
…	

So lernst du im Wörterbuch nachschlagen

Schaue dir zuerst die Seiten 4 und 5 an. Dort wird erklärt, was du auf den Seiten im blauen Teil findest und wie die Zeichen und Bilder dir beim Suchen helfen.

1. Nimm das geschlossene Wörterbuch in die Hand. Blättere wie bei einem Daumenkino den blauen Teil durch. Der große Buchstabe am Rand zeigt an, mit welchem Buchstaben die Wörter auf dieser Seite beginnen.

2. Auf welcher Seite stehen Wörter, die mit einem O, G, V, R, I, U beginnen?

   Schreibe so auf:
   O → Seite 34, …

3. In einer Zoogeschichte musst du Tiernamen schreiben. Das Wörterbuch hilft dir, sie richtig zu schreiben. Suche die Namen dieser Tiere und schreibe sie aus dem Findefix ab:

4. Wenn Wörter mit dem gleichen Buchstaben anfangen, hilft dir der zweite Buchstabe, das Wort zu finden. Suche das erste Wort im Findefix, das so anfängt. Schreibe auf.

   tr • **En** • **st** • **Ne** • **wo** • **Ap** • **pf** • **Fe** • **zw**

5. **Apfel** • **Ampel** • **Ast** • **Abend** • **Auto** • **Ananas** • **Arm** • **Alarm** • **Affe**

   Wörter, die mit dem gleichen Buchstaben anfangen, werden nach dem zweiten Buchstaben nach dem ABC geordnet.

A a
A b end
A c
A d
A e
A f fe
A g
A h

Schreibe die Liste zu Ende. Ordne die Wörter oben deiner Liste zu.

6. **Esel • Ente • Efeu • Elefant • Eber • Eis • Emu • Eule • Erde • Ecke**

Schreibe nun eine Liste für diese E-Wörter. Schreibe wieder wie in Aufgabe 5 und achte auf den 2. Buchstaben.

7. Wochentage und Monatsnamen musst du oft schreiben. Suche sie im blauen Teil und schreibe so:

Montag → Seite 31,
Dienstag → Seite …

Januar → Seite 26,
Februar → Seite …

8. Beim Schreiben über die Ferien oder die Schule brauchst du Wörter, die erzählen, was jemand tut. Schreibe Wörter auf, die so anfangen.

sp • fa • ba • re • fr • ge • ar • es • he • tu • ko • la

9. Im blauen Teil stehen nicht alle Wörter. Welche dieser Wörter findest du dort nicht? Schreibe sie auf.

acht • Hai • immer • malen • kaputt • Schwester • Name • Zimmer • Klasse • fragen • schleudern

10. Den Plural von Nomen findest du hinter dem Singular. Suche diese Wörter im blauen Teil:

Männer • Wege • Gärten • Autos • Vögel • Schuhe • Nächte • Zwiebeln • Häuser

Schreibe so:
die Männer → der Mann,
Seite 30, …

A B C D E F G H I J K L M N O P Q R S T U V W X Y Z

A a

ab	ab
der Abend, die Abende	Abend
aber	aber
acht	acht
alle, alles	alle
als	als
also	also
alt, älter	alt
am	am
die Ameise, die Ameisen	Ameise
die Ampel, die Ampeln	Ampel
an	an
die Angst	Angst
antworten, er antwortet	antworten
der Apfel, die Äpfel	Apfel

der April	April
arbeiten, sie arbeitet	arbeiten
der Arm, die Arme	Arm
der Ast, die Äste	Ast
auf	auf
die Aufgabe, die Aufgaben	Aufgabe
das Auge, die Augen	Auge
der August	August
aus	aus
das Auto, die Autos	Auto

B b

das Baby, die Babys	Baby
baden, er badet	baden
der Ball, die Bälle	Ball
die Banane, die Bananen	Banane
die Bank, die Bänke	Bank
der Bär, die Bären	Bär
der Bauch, die Bäuche	Bauch
bauen, sie baut	bauen
der Baum, die Bäume	Baum
bei	bei
das Bein, die Beine	Bein
beißen, sie beißt	beißen
bewegen, er bewegt	bewegen
bezahlen, sie bezahlt	bezahlen
die Biene, die Bienen	Biene

das Bild, die Bilder	Bild
bin	bin
die Birne, die Birnen	Birne
bis	bis
bist	bist
bitten, er bittet	bitten
das Blatt, die Blätter	Blatt
blau	blau
bleiben, sie bleibt	bleiben
blühen, es blüht	blühen
die Blume, die Blumen	Blume
die Blüte, die Blüten	Blüte
der Boden, die Böden	Boden
böse	böse
braun	braun
der Brief, die Briefe	Brief
bringen, er bringt	bringen

das **Brot**, die Brote	Brot
das **Brötchen**, die Brötchen	Brötchen
der **Bruder**, die Brüder	Bruder
das **Buch**, die Bücher	Buch
bunt	bunt
der **Busch**, die Büsche	Busch

Cc

der **Cent**, die Cents — *Cent*

der **Christbaum**, die Christbäume — *Christbaum*

das **Christkind** — *Christkind*

der **Clown**, die Clowns — *Clown*

der **Computer**, die Computer — *Computer*

Dd

da	da
danken, er dankt	danken
dann	dann
das	das
dass	dass
dein, deine, deiner	dein
dem	dem
den	den
denken, sie denkt	denken
denn	denn
der	der
des	des
der Dezember	Dezember
dich	dich
die	die

der Dienstag — *Dienstag*

diese, dieser, dieses — *diese*

der Dinosaurier, die Dinosaurier — *Dinosaurier*

dir — *dir*

doch — *doch*

der Donnerstag — *Donnerstag*

drei — *drei*

du — *du*

dunkel — *dunkel*

durch — *durch*

der Durst — *Durst*

die Dusche, die Duschen — *Dusche*

A B C D **E** F G H I J K L M N O P Q R S T U V W X Y Z

E e

das Ei, die Eier	Ei
ein, eine, einer	ein
eins	eins
das Eis	Eis
der Elefant, die Elefanten	Elefant
elf	elf
die Eltern	Eltern
das Ende	Ende
eng	eng
die Ente, die Enten	Ente
er	er
die Erde	Erde
erzählen, er erzählt	erzählen
es	es
essen, sie isst	essen

euch — *euch*

euer, eure — *euer*

die Eule, die Eulen — *Eule*

der Euro, die Euros — *Euro*

A B C D E **F** G H I J K L M N O P Q R S T U V W X Y Z

Ff

fahren, er fährt	fahren
fallen, er fällt	fallen
die Familie, die Familien	Familie
fangen, sie fängt	fangen
der Februar	Februar
fein	fein
das Feld, die Felder	Feld
das Fenster, die Fenster	Fenster
die Ferien	Ferien
finden, er findet	finden
der Finger, die Finger	Finger
fliegen, sie fliegt	fliegen
der Flügel, die Flügel	Flügel
flüssig	flüssig
fragen, er fragt	fragen

die **Frau**, die Frauen	Frau
der **Freitag**	Freitag
fremd	fremd
fressen, es frisst	fressen
die **Freude**	Freude
sich **freuen**, sie freut sich	freuen
der **Freund**, die Freunde	Freund
die **Freundin**, die Freundinnen	Freundin
frisch	frisch
die **Frucht**, die Früchte	Frucht
der **Frühling**	Frühling
der **Fuchs**, die Füchse	Fuchs
füllen, er füllt	füllen
der **Füller**, die Füller	Füller
fünf	fünf
für	für
der **Fuß**, die Füße	Fuß

A B C D E F **G** H I J K L M N O P Q R S T U V W X Y Z

Gg

ganz, ganze, ganzer	ganz
der Garten, die Gärten	Garten
geben, er gibt	geben
gehen, sie geht	gehen
gelb	gelb
das Geld	Geld
das Gemüse	Gemüse
das Gesicht, die Gesichter	Gesicht
gestern	gestern
gesund	gesund
die Giraffe, die Giraffen	Giraffe
das Gras, die Gräser	Gras
groß, größer	groß
grün	grün
gut	gut

Hh

das **Haar**, die Haare — *Haar*

haben, er hat — *haben*

der **Hals** — *Hals*

halten, sie hält — *halten*

die **Hand**, die Hände — *Hand*

hart, härter — *hart*

der **Hase**, die Hasen — *Hase*

das **Haus**, die Häuser — *Haus*

die **Haut**, die Häute — *Haut*

dic **Hecke**, die Hecken — *Hecke*

heiß — *heiß*

heißen, er heißt — *heißen*

helfen, sie hilft — *helfen*

hell — *hell*

das **Hemd**, die Hemden — *Hemd*

A B C D E F G H I J K L M N O P Q R S T U V W X Y Z

her	her
der Herbst	Herbst
der Herr, die Herren	Herr
heute	heute
die Hexe, die Hexen	Hexe
hier	hier
die Hilfe	Hilfe
der Himmel	Himmel
hin	hin
hinter	hinter
hören, er hört	hören
der Hort	Hort
die Hose, die Hosen	Hose
das Huhn, die Hühner	Huhn
der Hund, die Hunde	Hund
hundert	hundert
der Hunger	Hunger

Ii

ich	ich
der Igel, die Igel	Igel
ihm	ihm
ihn, ihnen	ihn
ihr, ihre	ihr
im	im
immer	immer
in	in
der Indianer, die Indianer	Indianer
ins	ins
ist	ist

A B C D E F G H I **J** K L M N O P Q R S T U V W X Y Z

Jj

ja	*ja*
das Jahr, die Jahre	*Jahr*
der Jaguar, die Jaguare	*Jaguar*
der Januar	*Januar*
jede, jeder, jedes	*jede*
jemand	*jemand*
jetzt	*jetzt*
das Jo-Jo, die Jo-Jos	*Jo-Jo*
der Juli	*Juli*
jung, jünger	*jung*
der Junge, die Jungen	*Junge*
der Juni	*Juni*

Kk

der **Käfer**, die Käfer	Käfer
der **Kalender**, die Kalender	Kalender
kalt, kälter	kalt
die **Kälte**	Kälte
die **Kartoffel**, die Kartoffeln	Kartoffel
die **Katze**, die Katzen	Katze
kaufen, sie kauft	kaufen
kein, keine, keiner	kein
das **Kind**, die Kinder	Kind
die **Klasse**, die Klassen	Klasse
das **Kleid**, die Kleider	Kleid
klein	klein
kochen, er kocht	kochen
der **Koffer**, die Koffer	Koffer
kommen, sie kommt	kommen

	können, er kann	*können*
der	**Kopf**, die Köpfe	*Kopf*
der	**Körper**, die Körper	*Körper*
	kosten, es kostet	*kosten*
	krank	*krank*
das	**Kraut**, die Kräuter	*Kraut*
die	**Kuh**, die Kühe	*Kuh*

Ll

laufen, er läuft	laufen
laut	laut
leben, sie lebt	leben
legen, er legt	legen
leicht	leicht
leise	leise
lernen, sie lernt	lernen
lesen, er liest	lesen
die Leute	Leute
das Lexikon	Lexikon
das Licht, die Lichter	Licht
lieb	lieb
lieben, sie liebt	lieben
liegen, er liegt	liegen
der Luchs, die Luchse	Luchs

Mm

machen, er macht	machen
das Mädchen, die Mädchen	Mädchen
der Mai	Mai
malen, sie malt	malen
man	man
der Mann, die Männer	Mann
der März	März
die Maus, die Mäuse	Maus
mein, meine, meiner	mein
mich	mich
die Minute, die Minuten	Minute
mir	mir
mit	mit
der Mittwoch	Mittwoch
der Monat, die Monate	Monat

der Mond — Mond

der Montag — Montag

morgen — morgen

der Mund, die Münder — Mund

müssen, er muss — müssen

die Mutter, die Mütter — Mutter

Nn

nach	nach
die Nacht, die Nächte	Nacht
der Name, die Namen	Name
die Nase, die Nasen	Nase
das Nashorn, die Nashörner	Nashorn
nass	nass
der Nebel	Nebel
nehmen, sie nimmt	nehmen
nein	nein
das Nest, die Nester	Nest
neu	neu
neun	neun
neunzig	neunzig
nicht	nicht
nichts	nichts

nie — *nie*

der November — *November*

nun — *nun*

nur — *nur*

Oo

ob	ob
oben	oben
das Obst	Obst
oder	oder
offen	offen
oft	oft
das Ohr, die Ohren	Ohr
der Oktober	Oktober
die Oma, die Omas	Oma
der Onkel, die Onkel	Onkel
der Opa, die Opas	Opa
der Osterhase, die Osterhasen	Osterhase
Ostern	Ostern

Pp

das Papier, die Papiere	Papier
die Pause, die Pausen	Pause
das Pferd, die Pferde	Pferd
die Pflanze, die Pflanzen	Pflanze
pflanzen, er pflanzt	pflanzen
pflegen, sie pflegt	pflegen
der Pirat, die Piraten	Pirat
die Pizza, die Pizzas	Pizza
der Platz, die Plätze	Platz
die Pommes	Pommes
der Preis, die Preise	Preis
der Punkt, die Punkte	Punkt
die Puppe, die Puppen	Puppe

Qu qu

das	Quadrat, die Quadrate	Quadrat
	quaken, er quakt	quaken
die	Qualle, die Quallen	Qualle
der	Quark	Quark
	quer	quer

Rr

das **Rad**, die Räder	Rad
die **Raupe**, die Raupen	Raupe
rechnen, sie rechnet	rechnen
reden, er redet	reden
der **Regen**	Regen
reich	reich
reisen, sie reist	reisen
rennen, er rennt	rennen
richtig	richtig
der **Ritter**, die Ritter	Ritter
der **Rock**, die Röcke	Rock
rollen, er rollt	rollen
rot	rot
der **Rücken**, die Rücken	Rücken
rufen, sie ruft	rufen

Ss

der **Saft**, die Säfte	Saft
sagen, er sagt	sagen
das **Salz**	Salz
der **Samstag**	Samstag
der **Sand**	Sand
sandig	sandig
der **Satz**, die Sätze	Satz
schauen, sie schaut	schauen
scheinen, es scheint	scheinen
die **Schere**, die Scheren	Schere
schlafen, er schläft	schlafen
schlagen, sie schlägt	schlagen
der **Schmetterling**, die Schmetterlinge	Schmetterling
der **Schnee**	Schnee

schneiden, er schneidet — *schneiden*

schnell — *schnell*

schon — *schon*

schön — *schön*

schreiben, sie schreibt — *schreiben*

schreien, er schreit — *schreien*

der Schuh, die Schuhe — *Schuh*

die Schule, die Schulen — *Schule*

schwarz — *schwarz*

das Schwein, die Schweine — *Schwein*

die Schwester, die Schwestern — *Schwester*

sechs — *sechs*

sehen, sie sieht — *sehen*

sehr — *sehr*

die Seife, die Seifen — *Seife*

sein — *sein*

sein, seine, seiner — *sein*

seit	seit
die Sekunde, die Sekunden	Sekunde
der September	September
sich	sich
sie	sie
sieben	sieben
sind	sind
singen, er singt	singen
sitzen, sie sitzt	sitzen
so	so
das Sofa, die Sofas	Sofa
der Sohn, die Söhne	Sohn
sollen, er soll	sollen
der Sommer	Sommer
die Sonne	Sonne
der Sonntag	Sonntag
die Spaghetti	Spaghetti

sparen, sie spart	sparen
spielen, er spielt	spielen
der Sport	Sport
der Stängel, die Stängel	Stängel
stehen, sie steht	stehen
stellen, er stellt	stellen
der Stift, die Stifte	Stift
still	still
die Stirn	Stirn
der Strauch, die Sträucher	Strauch
die Stunde, die Stunden	Stunde
suchen, sie sucht	suchen

Tt

der Tag, die Tage	Tag
die Tante, die Tanten	Tante
die Tasche, die Taschen	Tasche
der Teddy, die Teddys	Teddy
der Tee	Tee
das Telefon, die Telefone	Telefon
der Teller, die Teller	Teller
die Temperatur, die Temperaturen	Temperatur
teuer	teuer
das Thermometer, die Thermometer	Thermometer
das Tier, die Tiere	Tier
der Tiger, die Tiger	Tiger
die Tochter, die Töchter	Tochter

A B C D E F G H I J K L M N O P Q R S T U V W X Y Z

die Tomate, die Tomaten — Tomate

tragen, sie trägt — tragen

trinken, er trinkt — trinken

die Trommel, die Trommeln — Trommel

turnen, sie turnt — turnen

Uu

üben, er übt	üben
über	über
die Übung, die Übungen	Übung
die Uhr, die Uhren	Uhr
der Uhu, die Uhus	Uhu
um	um
und	und
der Unfall, die Unfälle	Unfall
uns	uns
unser, unsere	unser
unten	unten
unter	unter

Vv

der Vampir, die Vampire	Vampir
der Vater, die Väter	Vater
vergessen, sie vergisst	vergessen
der Verkehr	Verkehr
verlieren, er verliert	verlieren
versuchen, sie versucht	versuchen
viel	viel
vier	vier
der Vogel, die Vögel	Vogel
voll	voll
vom	vom
von	von
vor	vor
vorbei	vorbei
vorher	vorher

A B C D E F G H I J K L M N O P Q R S T U V W X Y Z

Ww

die Waage, die Waagen	Waage
wachsen	wachsen
der Wal, die Wale	Wal
wann	wann
warm, wärmer	warm
die Wärme	Wärme
warten, sie wartet	warten
warum	warum
was	was
waschen, er wäscht	waschen
das Wasser	Wasser
der Weg, die Wege	Weg
Weihnachten	Weihnachten
weil	weil
weiß	weiß

weit	*weit*
weiter	*weiter*
welche, welcher, welches	*welche*
wem	*wem*
wen	*wen*
wenig	*wenig*
wenn	*wenn*
wer	*wer*
werden, sie wird	*werden*
das Wetter	*Wetter*
wie	*wie*
wieder	*wieder*
die Wiese, die Wiesen	*Wiese*
der Wind, die Winde	*Wind*
der Winter	*Winter*
wir	*wir*
wo	*wo*

die **Woche**, die Wochen	Woche
wohnen, er wohnt	wohnen
wollen, sie will	wollen
das **Wort**, die Wörter	Wort
wünschen, er wünscht	wünschen
der **Wurm**, die Würmer	Wurm
die **Wurzel**, die Wurzeln	Wurzel

X x

Xaver

das Xylofon, die Xylofone

Xaver

Xylofon

Y y

die **Yacht**, die Yachten — *Yacht*

der **Yak**, die Yaks — *Yak*

Ypsilon — *Ypsilon*

Zz

die Zahl, die Zahlen	Zahl
zahlen, er zahlt	zahlen
zählen, sie zählt	zählen
der Zahn, die Zähne	Zahn
das Zebra, die Zebras	Zebra
die Zehe, die Zehen	Zehe
zehn	zehn
zeigen, er zeigt	zeigen
die Zeit, die Zeiten	Zeit
die Zeitung, die Zeitungen	Zeitung
das Zimmer, die Zimmer	Zimmer
der Zoo, die Zoos	Zoo
zu	zu
der Zucker	Zucker
zum	zum

zur	zur
zu**sam**men	zusammen
zwei	zwei
die Zwie**bel**, die Zwiebeln	Zwiebel
zwölf	zwölf

Benutzerhinweise zum Zweiten Wörterverzeichnis

Am Rand jeder Seite befinden sich untereinander alle Buchstaben des ABCs. Du findest auf jeder Seite Stichwörter, die mit dem Buchstaben beginnen, der in dieser Leiste dick hervorgehoben ist.

Wenn bei einem Wort unterschiedliche Schreibweisen möglich sind, werden beide aufgeführt.

Bei einer Abkürzung wird dahinter angegeben, wofür sie steht.

Bei regelmäßigen Verben ist hinter dem Infinitiv noch die 2. Person Singular angegeben.

Unregelmäßige Verbformen findest du als eigenes Stichwort. Dahinter ist der Infinitiv des Verbs angegeben.

Bei zwei gleich klingenden Wörtern mit unterschiedlicher Bedeutung steht in Klammern dahinter, was sie bedeuten.

m – ma

A B C D E F G H I J K L **M** N O P Q R S T U V W X Y Z

M

m (Meter)
ma|chen, du machst
die Macht, die Mäch|te
mäch|tig
das Mäd|chen, die Mäd|chen
die Ma|de, die Ma|den
der Ma|gen, die Mä|gen – Ma|gen
ma|ger
die Ma|gie
der Mag|net, die Mag|ne|te – Mag|ne|ten
mag|ne|tisch
du magst ◁ mögen
mä|hen, du mähst
mah|len (z.B. Mehl mahlen), du mahlst
die Mahl|zeit, die Mahl|zei|ten
die Mäh|ne, die Mäh|nen
mah|nen, du mahnst
die Mah|nung, die Mah|nun|gen
der Mai
die Mail|box, die Mail|bo|xen
mai|len, du mailst
der Main
der Mais 8
die Ma|jes|tät, die Ma|jes|tä|ter
die Ma|jo|nä|se – Ma|yon|naise
das Make-up, die Make-ups
die Mak|ka|ro|ni
das Mal, die Ma|le
mal
ma|len (z.B. Bild malen), du malst
Mal|ta
die Ma|ma, die Ma|mas
das Mam|mut, die Mam|mu|te – Mam|muts
man
der Ma|na|ger, die Ma|na|ger
die Ma|na|ge|rin, die Ma|na|ge|rin|nen
man|che
man|cher
man|ches
manch|mal
das Man|da|la, die Man|da|las
die Man|da|ri|ne, die Man|da|ri|nen 1
die Man|del, die Man|deln
die Ma|ne|ge, die Ma|ne|gen
der Manga – das Man|ga, die Man|gas

134

Wenn du dir unsicher bist, in welchem Buchstaben du dich befindest, hilft dir auch dieses Bildchen weiter. Es zeigt dir immer ein Tier oder eine Figur mit einem Gegenstand, die mit dem gleichen Buchstaben beginnen wie die Stichwörter auf der Seite.

Hier wird dir angegeben mit welchen beiden Buchstaben das erste und das letzte Stichwort auf einer Seite beginnen.

ma – ma

der **Man|gel**, die Män|gel
man|gel|haft
der **Mann**, die Män|ner
männ|lich
die **Mann|schaft**, die Mann|schaf|ten
der **Man|tel**, die Män|tel
die **Map|pe**, die Map|pen
der **Ma|ra|thon**, die Ma|ra|thons
das **Mär|chen**, die Mär|chen
der **Mar|der**, die Mar|der
die **Mar|ga|ri|ne**
die **Mar|ge|ri|te**, die Mar|ge|ri|ten
Ma|riä Him|mel|fahrt
die **Ma|rio|net|te**, die Ma|rio|net|ten
die **Mar|ke**, die Mar|ken
mar|kie|ren, du markierst
der **Markt**, die Märk|te
die **Mar|me|la|de**, die Mar|me|la|den
der **Mars**
der **Marsch**, die Mär|sche
mar|schie|ren, du marschierst
der **März**
das **Mar|zi|pan**
die **Ma|sche**, die Ma|schen

die **Ma|schi|ne**, die Ma|schi|nen
die **Ma|sern**
die **Mas|ke**, die Mas|ken
sich **mas|kie|ren**, du maskierst dich
das **Mas|kott|chen**, die Mas|kott|chen
das **Maß**, die Ma|ße
sie **maß** ◁ messen
die **Mas|sa|ge**, die Mas|sa|gen
die **Mas|se**, die Mas|sen
mas|sie|ren, du massierst
mä|ßig
mas|siv
die **Maß|nah|me**, die Maß|nah|men
der **Maß|stab**, die Maß|stä|be ❹
der **Mast**, die Mas|ten – Mas|te
mäs|ten, du mästest
das **Match**, die Matchs – Mat|che – Mat|ches
das **Ma|te|ri|al**, die Ma|te|ria|li|en
die **Ma|the|ma|tik** ❷
ma|the|ma|tisch
die **Mat|rat|ze**, die Mat|rat|zen
der **Mat|ro|se**, die Mat|ro|sen
die **Mat|ro|sin**, die Mat|ro|sin|nen

135

A B C D E F G H I J K L **M** N O P Q R S T U V W X Y Z

Wenn es sich bei einem Stichwort um ein Nomen handelt, dann steht davor der bestimmte Artikel.

Bei einem Nomen sind immer der Singular und der Plural angegeben.

Die Nummer in der roten Kugel verweist auf den passenden Tipp auf den Seiten 204–227, mit dessen Hilfe du dir gut merken kannst, wie man das Wort schreibt.

Dieser senkrechte Strich zeigt dir an, wo du ein Wort trennen kannst.

So lernst du schnell und sicher nachschlagen

Schaue dir zuerst die Seiten 54 und 55 an. Dort wird erklärt, was du auf den Seiten im roten Teil findest, und wie die Zeichen und Bilder dir beim Suchen helfen.

1. Wenn der erste Buchstabe gleich ist, musst du auf den zweiten Buchstaben achten. Wenn der auch gleich ist, musst du auf den dritten Buchstaben schauen, …

   das Sofa • die Soße • der Sohn • die Socke • der Sommer • die Sonne • der Soldat • die Sorge

   So **a**

   So **b**

   So **c** ke

   So **d**

   So **e**

   So **f** a

   So **g**

   So **h** n

   …

   Schreibe zuerst die Liste zu Ende. Ordne dann die Wörter von oben deiner Liste zu.

2. Ordne die Wörter so, wie sie im Findefix hintereinander stehen und schreibe sie auf: kalt, das …

   kalt • der Krebs • klirren • das Kamel • kehren • komisch • kurz • die Klingen • der Kapitän • keine • kichern • kaputt • die Kreide • der Kies • die Kiste • die Kante • kommen • klatschen

3. Achtung: **ä** ist wie **a** eingeordnet, **ö** wie **o**, **ü** wie **u** und **äu** wie **au**.

Ordne nach dem ABC und schreibe auf: älter, die …

älter • das Kleid • bringen • trödeln • hauen • der Betrug • der Käfer • der Körper • fort • backen • häufig • läuten • der Monteur • die Ärztin • betrübt • die Laus • die Bäckerei • böse • die Trommel

4. Suche folgende Wörter im roten Wörterverzeichnis und schreibe so auf: der Bär, Seite 69, …

der Bär • während • schmecken • der Fluss • treffen • beißen • viel • grüßen • die Vorfahrt • das Handy • sehr • häufig • der Pilz • wählen • die Ärztin • jung • wieder • das Ziel • kräftig

5. Wörter wie abgeben, hinfallen, weglaufen, verschieben oder vormachen findest du so nicht im Wörterbuch.

Sie bestehen aus einer Vorsilbe (ab hin weg ver vor) und einem Wort, das alleine im Wörterbuch steht (fallen, laufen, schieben, …).

Schreibe die folgenden Wörter mithilfe des Wörterbuchs vollständig auf:

able __ en

hinste __ en

wegr __ men

verl __ ben

vorse __ en

6. In deinem Findefix stehen die Pluralformen immer hinter den Singularformen. Suche die folgenden Pluralformen im Findefix.

die Pläne • die Ecken • die Hämmer • die Streifen • die Sümpfe • die Partys • die Türme

Schreibe so:
die Pläne, der Plan → Seite 148, …

7. Schlage diese zusammengesetzten Wörter im Findefix getrennt nach:

der Zirkusclown • die Tierärztin • der Fußballplatz • das Vogelnest • die Ritterrüstung • die Tischdecke • der Startschuss • das Marionettentheater

Schreibe so:

der Apfelsaft
der Apfel → Seite 64,
der Saft → Seite 159, …

Tipps fürs Nachschlagen

Wenn du ein Wort im Findefix nicht findest, kann es sein, dass man es anders schreibt, als du meinst. Das kann mehrere Gründe haben.

Diese Buchstaben können gleich klingen:

ä und **e**	**b** und **p**	**c** und **z**	**g** und **k**
d und **t**	**f** und **v**	**c** und **k**	**v** und **w**

Auch Buchstabengruppen können gleich klingen:

ap und **ab**	**at** und **ad**	**f** und **ph**
k und **ch**	**äu** und **eu**	**f** und **pf**

Wenn ich **schp** höre, schlage ich bei **sp** nach.

Wenn ich **scht** höre, schlage ich bei **st** nach.

sch und **sp**
sch und **st**

Englische Wörter

Wörter aus anderen Sprachen werden häufig anders gesprochen als geschrieben.

ä
- die Action
- der Airbag

au
- out

dsch
- die Jeans
- der Job
- joggen
- der Joker

gä
- der Gag
- der Gangster

hä
- happy

mä
- das Match

fä
- fair
- der Fan

pu
- der Pool

lai
- die Livesendung

tsch
- der Champion
- der Chip
- checken

sä
- das Sandwich

sch
- der Sheriff
- das Shirt
- die Shorts
- die Show

Französische Wörter

sch
- der Champignon
- die Chance
- der Chef
- das Gelee
- sich genieren
- die Jalousie
- jonglieren
- der Journalist

Manchmal liegt es auch an den Regeln für das richtige Schreiben, dass man ein Wort anders schreibt, als du meinst. Tipps dazu findest du auf den Seiten 204 bis 227.

A

der **Aal**, die Aa|le 8
das **Aas**, die Aa|se
ab
ab|bie|gen, du biegst ab, sie bog ab 2
das **ABC** – Abc
der **Abend**, die Aben|de 6
abends
das **Aben|teu|er**, die Aben|teu|er
aben|teu|er|lich
aber
der **Aber|glau|be**
aber|gläu|bisch 4
ab|fah|ren, du fährst ab, er fuhr ab
die **Ab|fahrt**, die Ab|fahr|ten
der **Ab|fall**, die Ab|fäl|le 5
der **Ab|ge|ord|ne|te**, die Ab|ge|ord|ne|ten
die **Ab|ge|ord|ne|te**, die Ab|ge|ord|ne|ten
der **Ab|grund**, die Ab|grün|de
ab|hän|gig
sich **ab|här|ten**, du härtest dich ab
ab|ho|len, du holst ab
das **Abi|tur**
ab|kür|zen, du kürzt ab
die **Ab|kür|zung**, die Ab|kür|zun|gen 7
ab|leh|nen, du lehnst ab
ab|neh|men, du nimmst ab, sie nahm ab
abon|nie|ren, du abonnierst
der **Ab|satz**, die Ab|sät|ze
ab|scheu|lich
der **Ab|schied**, die Ab|schie|de
ab|schlie|ßen, du schließt ab, er schloss ab
ab|schnei|den, du schneidest ab, sie schnitt ab
der **Ab|schnitt**, die Ab|schnit|te
ab|seits
der **Ab|sen|der**, die Ab|sen|der
die **Ab|sicht**, die Ab|sich|ten
ab|sicht|lich 3
ab|so|lut
der **Ab|stand**, die Ab|stän|de 6
ab|stim|men, du stimmst ab
ab|stür|zen, du stürzt ab
das **Ab|teil**, die Ab|tei|le

die **Ab|tei|lung**,
die Ab|tei|lun|gen
ab|wärts
sich **ab|wech|seln**,
sie wechseln sich ab
ab|wech|selnd
ab|we|send
ab|zie|hen, du ziehst ab,
sie zog ab
die **Ab|zwei|gung**,
die Ab|zwei|gun|gen 7
ach
die **Ach|se**, die Ach|sen
die **Ach|sel**, die Ach|seln
acht
acht|mal
ach|ten, du achtest
acht|ge|ben – Acht
geben, du gibst
acht – du gibst Acht,
er gab acht – er gab Acht
die **Ach|tung**
acht|zig
äch|zen, du ächzt
der **Acker**, die Äcker 4
die **Ac|tion**
ad|die|ren, du addierst
die **Ad|di|ti|on**, die Ad|di|tio|nen
ade

die **Ader**, die Adern
das **Ad|jek|tiv**, die Ad|jek|ti|ve
der **Ad|ler**, die Ad|ler
adop|tie|ren, du adoptierst
die **Ad|res|se**, die Ad|res|sen
der **Ad|vent**
der **Af|fe**, die Af|fen
Af|ri|ka
ag|gres|siv
aha
ah|nen, du ahnst
ähn|lich
die **Ähn|lich|keit**,
die Ähn|lich|kei|ten 3
die **Ah|nung**, die Ah|nun|gen
ahoi
der **Ahorn**, die Ahor|ne
die **Äh|re**, die Äh|ren
das **Aids**
das **Ak|kor|de|on**,
die Ak|kor|de|ons
der **Ak|ku**, die Ak|kus
der **Ak|ku|sa|tiv**
der **Ak|ro|bat**, die Ak|ro|ba|ten
die **Ak|ro|ba|tin**,
die Ak|ro|ba|tin|nen
die **Ak|te**, die Ak|ten
die **Ak|ti|on**, die Ak|tio|nen
ak|tiv

B C D E F G H I J K L M N O P Q R S T U V W X Y Z

ak|tu|ell
ak|zep|tie|ren, du akzeptierst
der **Alarm**, die Alar|me
alar|mie|ren, du alarmierst
Al|ba|ni|en
al|bern
der **Alb|traum** – Alp|traum, die Alb|träu|me – Alp|träu|me
das **Al|bum**, die Al|ben
der **Al|ko|hol**
das **All**
Al|lah
al|le 2
die **Al|lee**, die Al|le|en
al|lein
al|ler|dings
die **Al|ler|gie**, die Al|ler|gi|en
al|ler|hand
Al|ler|hei|li|gen
al|les
all|ge|mein
all|mäh|lich
der **All|tag** 5
die **Alm**, die Al|men
die **Al|pen**
das **Al|pha|bet**, die Al|pha|be|te 8
al|pha|be|tisch
der **Alp|traum** – Alb|traum, die Alp|träu|me – Alb|träu|me
als
al|so
alt, älter, am ältesten
der **Al|tar**, die Al|tä|re
das **Al|ter**
äl|ter, am ältesten ◁ alt
al|ter|na|tiv
die **Al|ter|na|ti|ve**, die Al|ter|na|ti|ven
die **Alu|fo|lie**, die Alu|fo|li|en
das **Alu|mi|ni|um**
am
der **Ama|teur**, die Ama|teu|re
die **Ama|teu|rin**, die Ama|teu|rin|nen
die **Amei|se**, die Amei|sen
amen
Ame|ri|ka 1
die **Am|pel**, die Am|peln
die **Am|sel**, die Am|seln
das **Amt**, die Äm|ter
sich **amü|sie|ren**, du amüsierst dich
an
die **Ana|nas**, die Ana|nas|se

an|bie|ten, du bietest an, sie bot an ❷

der **An|blick**, die An|bli|cke

an|däch|tig

das **An|den|ken**, die An|den|ken

an|de|re

än|dern, du änderst

an|ders

an|ders|he|rum – an|ders|rum

An|dor|ra

an|ei|nan|der

der **An|fall**, die An|fäl|le

der **An|fang**, die An|fän|ge

an|fan|gen, du fängst an, er fing an

an|fangs

an|fas|sen, du fasst an

das **An|füh|rungs|zei|chen**, die An|füh|rungs|zei|chen

an|ge|ben, du gibst an, sie gab an

an|geb|lich

das **An|ge|bot**, die An|ge|bo|te

die **An|gel**, die An|geln

an|geln, du angelst

an|ge|nehm

der **An|ge|stell|te**, die An|ge|stell|ten

die **An|ge|stell|te**, die An|ge|stell|ten

sich **an|ge|wöh|nen**, du gewöhnst dir an

die **An|ge|wohn|heit**, die An|ge|wohn|hei|ten ❼

an|grei|fen, du greifst an, er griff an

der **An|griff**, die An|grif|fe

die **Angst**, die Ängs|te

ängst|lich ❹

an|hal|ten, du hältst an, sie hielt an

der **An|hän|ger**, die An|hän|ger

an|häng|lich

der **An|ker**, die An|ker

an|kla|gen, du klagst an

an|kom|men, du kommst an, sie kam an

an|kreu|zen, du kreuzt an

die **An|kunft**, die An|künf|te

der **An|lauf**, die An|läu|fe

die **An|nah|me**, die An|nah|men

an|neh|men, du nimmst an, er nahm an

der **Ano|rak**, die Ano|raks

der **An|ruf**, die An|ru|fe ❶

an|ru|fen, du rufst an, sie rief an

an|sa|gen, du sagst an
an|schau|en, du schaust an
an|schei|nend
an|schlie|ßend
der **An|schluss**, die An|schlüs|se
sich **an|schnal|len**, du schnallst dich an 5
die **An|schrift**, die An|schrif|ten
an|se|hen, du siehst an, er sah an
an|sons|ten
der **An|stand**
an|stän|dig
an|star|ren, du starrst an
an|statt
an|ste|cken, du steckst an
an|ste|ckend
sich **an|stel|len**, du stellst dich an
der **An|stoß**, die An|stö|ße
sich **an|stren|gen**, du strengst dich an
an|stren|gend
die **An|ten|ne**, die An|ten|nen
der **An|trag**, die An|trä|ge
die **Ant|wort**, die Ant|wor|ten
ant|wor|ten, du antwortest
der **An|walt**, die An|wäl|te
die **An|wäl|tin**, die An|wäl|tin|nen 3
an|wen|den, du wendest an, er wandte an
an|we|send
die **An|zahl**, die An|zah|len
die **An|zei|ge**, die An|zei|gen
an|zie|hen, du ziehst an, sie zog an
der **An|zug**, die An|zü|ge 6
an|zün|den, du zündest an
der **Ap|fel**, die Äp|fel
das **Ap|fel|mus**
die **Ap|fel|si|ne**, die Ap|fel|si|nen
die **Apo|the|ke**, die Apo|the|ken
der **Ap|pa|rat**, die Ap|pa|ra|te
der **Ap|pe|tit**
ap|pe|tit|lich
der **Ap|plaus**
die **Ap|ri|ko|se**, die Ap|ri|ko|sen
der **Ap|ril**
das **Aqua|ri|um**, die Aqua|ri|en
der **Äqua|tor** 8
die **Ar|beit**, die Ar|bei|ten
ar|bei|ten, du arbeitest
ar|beits|los
der **Ar|chi|tekt**, die Ar|chi|tek|ten

die **Ar|chi|tek|tin**,
die Ar|chi|tek|tin|nen
arg, ärger, am ärgsten
är|ger, am ärgsten ◁ arg
der **Är|ger**
är|ger|lich
är|gern, du ärgerst
das **Ar|gu|ment**,
die Ar|gu|men|te
ar|gu|men|tie|ren,
du argumentierst ❷
arm, ärmer, am ärmsten
der **Arm**, die Ar|me
der **Är|mel**, die Är|mel
är|mer, am ärmsten ◁ arm
der **Arm|reif**, die Arm|rei|fe
die **Ar|mut**
die **Art**, die Ar|ten
ar|tig
der **Ar|ti|kel**, die Ar|ti|kel
der **Ar|tist**, die Ar|tis|ten
die **Ar|tis|tin**, die Ar|tis|tin|nen
die **Arz|nei**, die Arz|nei|en
der **Arzt**, die Ärz|te
die **Ärz|tin**, die Ärz|tin|nen
die **Asche** ❶
Asi|en
der **As|phalt**, die As|phal|te
das **Ass**, die As|se

sie **aß** ◁ essen
der **As|sis|tent**,
die As|sis|ten|ten
die **As|sis|ten|tin**,
die As|sis|ten|tin|nen
der **Ast**, die Äs|te
die **As|ter**, die As|tern
das **Asth|ma**
der **Ast|ro|naut**,
die Ast|ro|nau|ten ❼
die **Ast|ro|nau|tin**,
die Ast|ro|nau|tin|nen
das **Asyl**, die Asy|le
der **Atem**
atem|los
der **Ath|let**, die Ath|le|ten
die **Ath|le|tin**,
die Ath|le|tin|nen
der **At|lan|tik**
der **At|las**,
die At|lan|ten – At|las|se
at|men, du atmest
die **At|mo|sphä|re**,
die At|mo|sphä|ren ❽
das **Atom**, die Ato|me
das **Atom|kraft|werk**,
die Atom|kraft|wer|ke
die **At|ta|cke**, die At|ta|cken
das **At|test**, die At|tes|te

A B C D E F G H I J K L M N O P Q R S T U V W X Y Z

die **At|trak|ti|on**, die At|trak|tio|nen

at|trak|tiv

au

aua

die **Au|ber|gi|ne**, die Au|ber|gi|nen

auch

auf

auf|bau|en, du baust auf

auf|dring|lich ❸

auf|ei|nan|der

der **Auf|ent|halt**, die Auf|ent|hal|te

auf|fal|len, du fällst auf, er fiel auf

auf|fäl|lig ❹

auf|for|dern, du forderst auf

die **Auf|ga|be**, die Auf|ga|ben

auf|ge|ben, du gibst auf, sie gab auf

auf|ge|regt

auf|grund – auf Grund

auf|hän|gen, du hängst auf, er hing auf

auf|hö|ren, du hörst auf

sich **auf|lö|sen**, es löst sich auf

auf|merk|sam

die **Auf|merk|sam|keit**, die Auf|merk|sam|kei|ten

die **Auf|nah|me**, die Auf|nah|men

auf|neh|men, du nimmst auf, sie nahm auf

auf|pas|sen, du passt auf

auf|räu|men, du räumst auf

sich **auf|re|gen**, du regst dich auf

auf|re|gend

der **Auf|satz**, die Auf|sät|ze

auf|schrei|ben, du schreibst auf, er schrieb auf

die **Auf|sicht**, die Auf|sich|ten

auf|ste|hen, du stehst auf, er stand auf

der **Auf|trag**, die Auf|trä|ge ❻

auf|tre|ten, du trittst auf, sie trat auf

der **Auf|tritt**, die Auf|trit|te ❺

auf|wa|chen, du wachst auf

auf|wärts

auf|we|cken, du weckst auf

der **Auf|zug**, die Auf|zü|ge

das **Au|ge**, die Au|gen ❶

der **Au|gen|blick**, die Au|gen|bli|cke

die **Au|gen|braue**, die Au|gen|brau|en
das **Au|gen|lid**, die Au|gen|li|der
der **Au|gust**
die **Au|la**, die Au|las – Au|len
aus
aus|bes|sern, du besserst aus
die **Aus|bil|dung**, die Aus|bil|dun|gen 3
aus|brei|ten, du breitest aus
die **Aus|dau|er**
der **Aus|druck**, die Aus|drü|cke
aus|dru|cken, du druckst aus
aus|drück|lich
aus|ei|nan|der
der **Aus|flug**, die Aus|flü|ge
aus|führ|lich
die **Aus|ga|be**, die Aus|ga|ben
der **Aus|gang**, die Aus|gän|ge
aus|ge|ben, du gibst aus, er gab aus
aus|ge|rech|net
aus|ge|zeich|net
aus|gie|big
der **Aus|gleich**, die Aus|glei|che
aus|hal|ten, du hältst aus, sie hielt aus

die **Aus|kunft**, die Aus|künf|te
das **Aus|land**
der **Aus|län|der**, die Aus|län|der 4
die **Aus|län|de|rin**, die Aus|län|de|rin|nen
aus|län|disch
aus|lee|ren, du leerst aus
aus|lei|hen, du leihst aus, er lieh aus
sich **aus|log|gen**, du loggst dich aus
die **Aus|nah|me**, die Aus|nah|men
aus|nahms|wei|se
die **Aus|re|de**, die Aus|re|den
aus|rei|chend
aus|rei|ßen, du reißt aus, sie riss aus
die **Aus|sa|ge**, die Aus|sa|gen
der **Aus|schlag**, die Aus|schlä|ge
aus|schließ|lich
au|ßen 8
au|ßer
au|ßer|dem
au|ßer|halb
sich **äu|ßern**, du äußerst dich
au|ßer|or|dent|lich

A B C D E F G H I J K L M N O P Q R S T U V W X Y Z

äu|ßerst
der **Aus|ruf**, die Aus|ru|fe
das **Aus|ru|fe|zei|chen**,
die Aus|ru|fe|zei|chen
aus|se|hen, du siehst aus,
er sah aus
die **Aus|sicht**, die Aus|sich|ten
aus|sichts|los
aus|stel|len, du stellst aus
die **Aus|stel|lung**,
die Aus|stel|lun|gen 7
aus|ster|ben, es stirbt aus,
es starb aus
Aust|ra|li|en
die **Aus|wahl**
aus|wäh|len, du wählst aus
aus|wärts
der **Aus|weis**, die Aus|wei|se
aus|wen|dig
der **Aus|zu|bil|den|de**,
die Aus|zu|bil|den|den 2
die **Aus|zu|bil|den|de**,
die Aus|zu|bil|den|den
das **Au|to**, die Au|tos
das **Au|to|gramm**,
die Au|to|gram|me 5
der **Au|to|mat**, die Au|to|ma|ten
au|to|ma|tisch
der **Au|tor**, die Au|to|ren
die **Au|to|rin**, die Au|to|rin|nen
die **Avo|ca|do**, die Avo|ca|dos
die **Axt**, die Äx|te

B

das **Ba|by**, die Ba|bys
der **Bach**, die Bä|che
die **Ba|cke**, die Ba|cken
ba|cken, du backst – bäckst
die **Bä|cke|rei**, die Bä|cke|rei|en
das **Bad**, die Bä|der 6
der **Ba|de|an|zug**,
die Ba|de|an|zü|ge
die **Ba|de|ho|se**,
die Ba|de|ho|sen
ba|den, du badest
Ba|den-Würt|tem|berg

die **Ba|de|wan|ne**, die Ba|de|wan|nen
der **Bag|ger**, die Bag|ger 5
bag|gern, du baggerst
die **Bahn**, die Bah|nen
der **Bahn|hof**, die Bahn|hö|fe
der **Bahn|steig**, die Bahn|stei|ge
die **Bak|te|rie**, die Bak|te|ri|en
ba|lan|cie|ren, du balancierst
bald
der **Bal|ken**, die Bal|ken
der **Bal|kon**, die Bal|ko|ne – Bal|kons
der **Ball**, die Bäl|le
das **Bal|lett**, die Bal|let|te
der **Bal|lon**, die Bal|lo|ne – Bal|lons
die **Ba|na|ne**, die Ba|na|nen 1
das **Band** (z.B. Geschenkband), die Bän|der
der **Band** (Buch), die Bän|de
die **Band** (Musikgruppe), die Bands
sie **band** ◁ binden
die **Ban|de**, die Ban|den
die **Bank** (z.B. die Parkbank), die Bän|ke
die **Bank** (Geldinstitut), die Ban|ken
bar
die **Bar**, die Bars
der **Bär**, die Bä|ren
die **Ba|ra|cke**, die Ba|ra|cken
bar|fuß 8
er **barg** ◁ bergen 6
das **Bar|geld**
Bar-Miz|wa
das **Ba|ro|me|ter**, die Ba|ro|me|ter
der **Bar|ren**, die Bar|ren
bar|rie|re|frei
der **Barsch**, die Bar|sche
der **Bart**, die Bär|te
das **Ba|si|li|kum**
der **Bas|ket|ball**, die Bas|ket|bäl|le
der **Bass**, die Bäs|se
bas|teln, du bastelst
sie **bat** ◁ bitten
die **Bat|te|rie**, die Bat|te|ri|en 2
der **Bau**, die Bau|ten
der **Bauch**, die Bäu|che
der **Bauch|na|bel**, die Bauch|na|bel
bau|en, du baust
der **Bau|er**, die Bau|ern

die **Bäue|rin**,
die Bäue|rin|nen ❹
bau|fäl|lig
der **Baum**, die Bäu|me
bau|meln, du baumelst
der **Bau|stein**, die Bau|stei|ne
die **Bau|stel|le**, die Bau|stel|len
Bay|ern
be|ach|ten, du beachtest
der **Bea|mer**, die Bea|mer
der **Be|am|te**, die Be|am|ten
die **Be|am|tin**, die Be|am|tin|nen
be|an|tra|gen, du beantragst
be|ant|wor|ten,
du beantwortest
be|ar|bei|ten, du bearbeitest
be|ben, du bebst
der **Be|cher**, die Be|cher
das **Be|cken**, die Be|cken
be|däch|tig ❸
sich **be|dan|ken**,
du bedankst dich
der **Be|darf**
be|dau|er|lich
be|dau|ern, du bedauerst
be|deu|ten, es bedeutet
be|deu|tend
die **Be|deu|tung**,
die Be|deu|tun|gen

die **Be|die|nung**,
die Be|die|nun|gen ❼
die **Be|din|gung**,
die Be|din|gun|gen
be|dro|hen, du bedrohst
be|droh|lich
das **Be|dürf|nis**,
die Be|dürf|nis|se
sich **be|ei|len**, du beeilst dich
be|ein|dru|ckend
be|ein|druckt
be|ein|flus|sen,
du beeinflusst
be|en|den, du beendest
die **Be|er|di|gung**,
die Be|er|di|gun|gen
die **Bee|re**, die Bee|ren
das **Beet**, die Bee|te
er **be|fahl** ◁ befehlen
er **be|fand** sich ◁ sich befinden
der **Be|fehl**, die Be|feh|le
be|feh|len, du befiehlst,
er befahl
du **be|fiehlst** ◁ befehlen
sich **be|fin|den**, du befindest
dich, er befand sich
be|fra|gen, du befragst
be|freun|det
be|frie|di|gend

be|fruch|ten, sie befruchtet
be|fürch|ten, du befürchtest
be|gabt
die **Be|ga|bung**, die Be|ga|bun|gen
er **be|gann** ◁ beginnen
be|geg|nen, du begegnest
die **Be|geg|nung**, die Be|geg|nun|gen
be|geis|tert
be|gin|nen, du beginnst, er begann
be|glei|ten, du begleitest
be|glück|wün|schen, du beglückwünschst
das **Be|gräb|nis**, die Be|gräb|nis|se (3)
be|grei|fen, du begreifst, sie begriff
sie **be|griff** ◁ begreifen
der **Be|griff**, die Be|grif|fe
be|grün|den, du begründest
be|grü|ßen, du begrüßt
be|haart (8)
be|hag|lich
be|hal|ten, du behältst, er behielt
der **Be|häl|ter**, die Be|häl|ter
du **be|hältst** ◁ behalten (4)
be|han|deln, du behandelst
die **Be|hand|lung**, die Be|hand|lun|gen
be|harr|lich
be|haup|ten, du behauptest
sich **be|herr|schen**, du beherrschst dich
be|herzt
er **be|hielt** ◁ behalten
be|hilf|lich (2)
be|hin|dern, du behinderst
die **Be|hin|de|rung**, die Be|hin|de|run|gen
die **Be|hör|de**, die Be|hör|den
be|hü|ten, du behütest
be|hut|sam
bei
bei|brin|gen, du bringst bei, sie brachte bei
beich|ten, du beichtest
bei|de
der **Bei|fall**
beige
das **Beil**, die Bei|le
das **Bein**, die Bei|ne (1)
bei|nah – bei|na|he
bei|sam|men
bei|sei|te
das **Bei|spiel**, die Bei|spie|le

bei|spiels|wei|se (bspw.)
bei|ßen, du beißt, er biss
der **Bei|trag**, die Bei|trä|ge
sie **be|kam** ◁ bekommen
be|kämp|fen, du bekämpfst
be|kannt
sich **be|kle|ckern**, du bekleckerst dich
die **Be|klei|dung**
be|kom|men, du bekommst, sie bekam
der **Be|lag**, die Be|lä|ge
be|las|ten, du belastest
be|läs|ti|gen, du belästigst
be|lei|di|gen, du beleidigst
be|lei|digt
be|leuch|ten, du beleuchtest
die **Be|leuch|tung**, die Be|leuch|tun|gen 7
Bel|gi|en
be|liebt
bel|len, er bellt
be|loh|nen, du belohnst
be|mer|ken, du bemerkst
die **Be|mer|kung**, die Be|mer|kun|gen
sich **be|mü|hen**, du bemühst dich
be|nach|rich|ti|gen, du benachrichtigst
er **be|nahm** sich ◁ sich benehmen
sich **be|neh|men**, du benimmst dich, er benahm sich
be|nei|den, du beneidest
du **be|nimmst** dich ◁ sich benehmen
be|nom|men 5
be|nö|ti|gen, du benötigst
be|nut|zen, du benutzt
das **Ben|zin**, die Ben|zi|ne
be|ob|ach|ten, du beobachtest
die **Be|ob|ach|tung**, die Be|ob|ach|tun|gen
be|quem
be|ra|ten, du berätst, sie beriet
du **be|rätst** ◁ beraten
be|rech|nen, du berechnest
be|rech|tigt
der **Be|reich**, die Be|rei|che
be|reit
be|rei|ten, du bereitest
be|reits
be|reu|en, du bereust
der **Berg**, die Ber|ge 6

berg|ab
berg|auf
ber|gen, du birgst, er barg
ber|gig
die **Ber|gung**, die Ber|gun|gen
der **Be|richt**, die Be|rich|te
be|rich|ten, du berichtest
be|rie|seln, du berieselst
sie **be|riet** ◁ beraten
Ber|lin
be|rüch|tigt
be|rück|sich|ti|gen, du berücksichtigst
der **Be|ruf**, die Be|ru|fe
be|ruf|lich
be|rufs|tä|tig 3
be|ru|hi|gen, du beruhigst
be|ru|higt
be|rühmt 8
be|rüh|ren, du berührst
die **Be|rüh|rung**, die Be|rüh|run|gen
er **be|sann** sich ◁ sich besinnen
sie **be|saß** ◁ besitzen
be|schä|di|gen, du beschädigst 4
sich **be|schäf|ti|gen**, du beschäftigst dich
be|schäf|tigt
die **Be|schäf|ti|gung**, die Be|schäf|ti|gun|gen
Be|scheid sagen, du sagst Bescheid
be|schei|den
be|schei|ni|gen, du bescheinigst
die **Be|schei|ni|gung**, die Be|schei|ni|gun|gen
die **Be|sche|rung**, die Be|sche|run|gen 7
be|schleu|ni|gen, du beschleunigst
be|schlie|ßen, du beschließt, er beschloss
er **be|schloss** ◁ beschließen
be|schlos|sen
der **Be|schluss**, die Be|schlüs|se
be|schmut|zen, du beschmutzt
be|schrei|ben, du beschreibst
be|schrif|ten, du beschriftest
be|schul|di|gen, du beschuldigst
be|schüt|zen, du beschützt

A B C D E F G H I J K L M N O P Q R S T U V W X Y Z

die **Be|schwer|de**, die Be|schwer|den
sich **be|schwe|ren**, du beschwerst dich
be|sei|ti|gen, du beseitigst
der **Be|sen**, die Be|sen (1)
be|ses|sen
be|setzt
be|sich|ti|gen, du besichtigst
sich **be|sin|nen**, du besinnst dich, er besann sich (2)
be|sit|zen, du besitzt, sie besaß
be|son|ders
be|sor|gen, du besorgst
er **be|sprach** ◁ besprechen
be|spre|chen, du besprichst, er besprach
die **Be|spre|chung**, die Be|spre|chun|gen
du **be|sprichst** ◁ besprechen
bes|ser, am besten ◁ gut
sie **be|stand** ◁ bestehen
be|stan|den
be|stä|ti|gen, du bestätigst
be|stäu|ben, sie bestäubt
die **Be|stäu|bung**, die Be|stäu|bun|gen

das **Be|steck**, die Be|ste|cke (5)
be|ste|hen, du bestehst, sie bestand
be|stel|len, du bestellst
die **Be|stel|lung**, die Be|stel|lun|gen
am **bes|ten** ◁ gut
die **Bes|tie**, die Bes|ti|en
be|stim|men, du bestimmst
be|stimmt
be|stra|fen, du bestrafst
der **Best|sel|ler**, die Best|sel|ler
be|su|chen, du besuchst
der **Be|such**, die Be|su|che
be|täubt
die **Be|täu|bung**, die Be|täu|bun|gen
sich **be|tei|li|gen**, du beteiligst dich
be|ten, du betest
der **Be|ton**
be|to|nen, du betonst
be|trach|ten, du betrachtest
der **Be|trag**, die Be|trä|ge
er **be|trat** ◁ betreten
be|tre|ten, du betrittst, er betrat
be|treu|en, du betreust
der **Be|trieb**, die Be|trie|be (6)

du **be|trittst** ◁ betreten
sie **be|trog** ◁ betrügen
be|trübt
der **Be|trug**
be|trü|gen, du betrügst, sie betrog
das **Bett**, die Bet|ten
bet|teln, du bettelst
die **Beu|le**, die Beu|len
be|ur|tei|len, du beurteilst
die **Beu|te**, die Beu|ten
der **Beu|tel**, die Beu|tel
die **Be|völ|ke|rung**, die Be|völ|ke|run|gen
be|vor ❸
be|vor|zu|gen, du bevorzugst
er **be|warb** sich ◁ sich bewerben
sich **be|we|gen**, du bewegst dich
be|weg|lich
die **Be|we|gung**, die Be|we|gun|gen
der **Be|weis**, die Be|wei|se
be|wei|sen, du beweist, sie bewies
sich **be|wer|ben**, du bewirbst dich, er bewarb sich
die **Be|wer|bung**, die Be|wer|bun|gen
sie **be|wies** ◁ beweisen
du **be|wirbst** dich ◁ sich bewerben
be|woh|nen, du bewohnst
be|wölkt
die **Be|wöl|kung**
be|wun|dern, du bewunderst
be|wusst|los
be|zah|len, du bezahlst
die **Be|zie|hung**, die Be|zie|hun|gen
be|zie|hungs|wei|se (bzw.)
der **Be|zirk**, die Be|zir|ke
der **Be|zug**, die Be|zü|ge ❻
bib|bern, du bibberst
die **Bi|bel**, die Bi|beln
der **Bi|ber**, die Bi|ber ❽
die **Bib|lio|thek**, die Bib|lio|the|ken
bie|gen, du biegst, sie bog
bieg|sam
die **Bie|ne**, die Bie|nen
das **Bier**, die Bie|re
das **Biest**, die Bies|ter
bie|ten, du bietest, er bot ❷
der **Bi|ki|ni**, die Bi|ki|nis
das **Bild**, die Bil|der

bil|den, du bildest
der **Bild|schirm**, die Bild|schir|me
die **Bil|dung**
bil|lig
ich **bin**, du bist, er war ◁ sein
die **Bin|de**, die Bin|den
bin|den, du bindest, sie band
der **Bin|de|strich**, die Bin|de|stri|che
die **Bin|dung**, die Bin|dun|gen
die **Bio|lo|gie**
das **Bio|top** – der Bio|top, die Bio|to|pe
du **birgst** ◁ bergen
die **Bir|ke**, die Bir|ken
die **Bir|ne**, die Bir|nen
bis
der **Bi|schof**, die Bi|schö|fe
die **Bi|schö|fin**, die Bi|schö|fin|nen
bis|her
der **Biss**, die Bis|se
er **biss** ◁ beißen
biss|chen
bis|sig
du **bist**, du warst ◁ sein
die **Bit|te**, die Bit|ten
bit|ten, du bittest, sie bat
bit|ter
die **Bla|ma|ge**, die Bla|ma|gen
sich **bla|mie|ren**, du blamierst dich
blank
die **Bla|se**, die Bla|sen 1
bla|sen, du bläst, sie blies
blass
du **bläst** ◁ blasen
das **Blatt**, die Blät|ter 4
blät|tern, du blätterst
blau
die **Blau|bee|re**, die Blau|bee|ren
das **Blech**, die Ble|che
blei|ben, du bleibst, er blieb
bleich
der **Blei|stift**, die Blei|stif|te
blen|den, du blendest
der **Blick**, die Bli|cke
bli|cken, du blickst
er **blieb** ◁ bleiben
sie **blies** ◁ blasen
blind
der **Blind|darm**, die Blind|där|me
blin|ken, du blinkst
blin|zeln, du blinzelst
der **Blitz**, die Blit|ze 5

blitz|blank
blit|zen, es blitzt
der **Block**, die Blö|cke 7
blöd
der **Blöd|sinn**
blond
bloß 8
blub|bern, es blubbert
blü|hen, es blüht 2
die **Blu|me**, die Blu|men
die **Blu|se**, die Blu|sen
das **Blut**
die **Blü|te**, die Blü|ten
blu|ten, du blutest
blu|tig
der **Bob**, die Bobs
der **Bock**, die Bö|cke 5
bo|ckig
der **Bo|den**, die Bö|den
sie **bog** ◁ biegen
der **Bo|gen**, die Bo|gen – Bö|gen
die **Boh|ne**, die Boh|nen
boh|ren, du bohrst
die **Bo|je**, die Bo|jen
die **Bom|be**, die Bom|ben
der **Bom|mel**, die Bom|mel
der **Bon|bon** – das Bon|bon, die Bon|bons 1
das **Boot**, die Boo|te
das **Bord** (z.B. Bücherbrett), die Bor|de
der **Bord** (z.B. Schiff), die Bor|de
bor|gen, du borgst
die **Bors|te**, die Bors|ten
bö|se
die **Bö|schung**, die Bö|schun|gen
bos|haft
die **Bos|heit**, die Bos|hei|ten 7
Bos|ni|en
der **Boss**, die Bos|se
er **bot** ◁ bieten
der **Bo|te**, die Bo|ten
die **Bo|tin**, die Bo|tin|nen
die **Bot|schaft**, die Bot|schaf|ten
bo|xen, du boxt
er **brach** ◁ brechen
sie **brach|te** ◁ bringen
der **Brand**, die Brän|de 6
Bran|den|burg
die **Bran|dung**, die Bran|dun|gen
es **brann|te** ◁ brennen
bra|ten, du brätst, er briet
der **Bra|ten**, die Bra|ten
die **Brat|sche**, die Brat|schen
du **brätst** ◁ braten
der **Brauch**, die Bräu|che

brau|chen, du brauchst
brau|en, du braust
die **Braue|rei**, die Braue|rei|en
braun
bräu|nen, du bräunst
die **Brau|se**, die Brau|sen
brau|sen, du braust
die **Braut**, die Bräu|te 4
der **Bräu|ti|gam**, die Bräu|ti|ga|me
brav
bra|vo
bre|chen, du brichst, er brach
der **Brei**, die Breie
breit
die **Brei|te**, die Brei|ten
Bre|men
die **Brem|se**, die Brem|sen
brem|sen, du bremst
bren|nen, es brennt, es brannte
die **Brenn|nes|sel**, die Brenn|nes|seln 3
brenz|lig
das **Brett**, die Bret|ter
die **Bre|zel**, die Bre|zeln
du **brichst** ◁ brechen
der **Brief**, die Brie|fe
er **briet** ◁ braten
die **Bril|le**, die Bril|len
brin|gen, du bringst, sie brachte
die **Bri|se**, die Bri|sen
brö|ckeln, es bröckelt
der **Bro|cken**, die Bro|cken
der **Brok|ko|li**, die Brok|ko|lis
die **Brom|bee|re**, die Brom|bee|ren
die **Bron|ze**
das **Brot**, die Bro|te
das **Bröt|chen**, die Bröt|chen
der **Bruch**, die Brü|che
die **Brü|cke**, die Brü|cken
der **Bru|der**, die Brü|der
brül|len, du brüllst
brum|men, du brummst
brum|mig
der **Brunch**, die Brun|che – Brun|ches – Brunchs
der **Brun|nen**, die Brun|nen
die **Brust**, die Brüs|te
die **Brut**
bru|tal
die **Bru|ta|li|tät**, die Bru|ta|li|tä|ten
brü|ten, du brütest
brut|zeln, es brutzelt

bspw. (beispielsweise)
der **Bub**, die Bu|ben
das **Buch**, die Bü|cher
die **Bu|che**, die Bu|chen
die **Bü|che|rei**,
die Bü|che|rei|en
die **Büch|se**, die Büch|sen
der **Buch|sta|be**,
die Buch|sta|ben
buch|sta|bie|ren,
du buchstabierst
die **Bucht**, die Buch|ten
die **Buch|se**, die Buch|sen
der **Bu|ckel**, die Bu|ckel
sich **bü|cken**, du bückst dich
bud|deln, du buddelst
der **Bud|dhis|mus**
bud|dhis|tisch
die **Bu|de**, die Bu|den
der **Büf|fel**, die Büf|fel
der **Bü|gel**, die Bü|gel
bü|geln, du bügelst
der **Bug|gy**, die Bug|gys
bu|hen, du buhst
die **Büh|ne**, die Büh|nen
Bul|ga|ri|en
der **Bul|gur**
der **Bull|dog**, die Bull|dogs
der **Bul|le**, die Bul|len

der **Bu|me|rang**,
die Bu|me|rangs –
Bu|me|ran|ge
bum|meln, du bummelst 5
das **Bund** (z.B. Möhren),
die Bun|de 6
der **Bund** (z.B. Geheimbund),
die Bün|de
das **Bün|del**, die Bün|del
der **Bun|des|kanz|ler**,
die Bun|des|kanz|ler
die **Bun|des|kanz|le|rin**,
die Bun|des|kanz|le|rin|nen
das **Bun|des|land**,
die Bun|des|län|der 4
die **Bun|des|li|ga**
die **Bun|des|re|pub|lik**
die **Bun|des|wehr**
bunt
der **Bunt|stift**, die Bunt|stif|te 3
die **Burg**, die Bur|gen
der **Bür|ger**, die Bür|ger
die **Bür|ge|rin**,
die Bür|ge|rin|nen 7
der **Bür|ger|meis|ter**,
die Bür|ger|meis|ter
die **Bür|ger|meis|te|rin**,
die Bür|ger|meis|te|rin|nen
das **Bü|ro**, die Bü|ros

A B C D E F G H I J K L M N O P Q R S T U V W X Y Z

A B C D E F G H I J K L M N O P Q R S T U V W X Y Z

die **Bü|ro|klam|mer**,
die Bü|ro|klam|mern
der **Bur|sche**, die Bur|schen
die **Bürs|te**, die Bürs|ten
bürs|ten, du bürstest
der **Bus**, die Bus|se
der **Busch**, die Bü|sche
der **Bu|sen**, die Bu|sen 1

die **Bus|hal|te|stel|le**,
die Bus|hal|te|stel|len
der **Bus|sard**, die Bus|sar|de
Buß- und Bet|tag
die **Bu|ße**, die Bu|ßen
bü|ßen, du büßt
die **But|ter**
bzw. (beziehungsweise)

ca. (circa – zirka)
das **Cab|rio**, die Cab|ri|os
das **Ca|fé**, die Ca|fés
cam|pen, du campst
der **Cam|ping|platz**,
die Cam|ping|plät|ze
die **CD**, die CDs
der **CD-Play|er**, die CD-Play|er
die **CD-ROM**, die CD-ROMs
das **Cel|lo**, die Cel|li – Cel|los
Cel|si|us (z.B. 5 °C)
der **Cent**, die Cents (z.B. 10 ct)
das **Cen|ter**, die Cen|ter

das **Cha|mä|le|on**,
die Cha|mä|le|ons 8
der **Cham|pig|non**,
die Cham|pig|nons
der **Cham|pi|on**,
die Cham|pi|ons
die **Chan|ce**, die Chan|cen 8
Cha|nuk|ka
das **Cha|os**
chao|tisch
der **Cha|rak|ter**,
die Cha|rak|te|re
die **Charts**

chat|ten, du chattest
der **Chef**, die Chefs
die **Che|fin**, die Che|fin|nen
die **Che|mie**
che|misch
chic – schick
der **Chi|co|rée**, die Chi|co|rées
chil|len, du chillst
der **Chip**, die Chips (8)
der **Chi|rurg**, die Chi|rur|gen
die **Chi|rur|gin**, die Chi|rur|gin|nen
der **Chor**, die Chö|re
der **Christ**, die Chris|ten
Chris|ti Him|mel|fahrt
die **Chris|tin**, die Chris|tin|nen
der **Christ|baum**, die Christ|bäu|me
christ|lich
das **Christ|kind**
cir|ca – zirka (ca.)
der **Cir|cus** – Zir|kus, die Cir|cus|se – Zir|kus|se
die **Ci|ty**, die Ci|tys
cle|ver
der **Clown**, die Clowns
der **Club** – Klub, die Clubs – Klubs
cm (Zentimeter)
der **Code** – Kode, die Codes – Kodes
Co|la
der **Co|mic**, die Co|mics
der **Com|pu|ter**, die Com|pu|ter (2)
der **Con|tai|ner**, die Con|tai|ner
cool
die **Corn|flakes**
die **Couch**, die Couchs
das **Cous|cous** – der Cous|cous – Kus|kus
der **Cou|sin**, die Cou|sins
die **Cou|si|ne**, die Cou|si|nen
der **Cow|boy**, die Cow|boys
das **Cow|girl**, die Cow|girls
die **Creme**, die Cremes
ct (Cent)
die **Cur|ry|wurst**, die Cur|ry|wür|ste
der **Cur|sor**, die Cur|sor

D

da
da|bei
da|blei|ben, du bleibst da
das **Dach**, die Dä|cher
sie **dach|te** ◁ denken
der **Dachs**, die Da|chse 8
da|durch
da|für
da|ge|gen
da|heim
da|her
da|hin
da|hin|ter
da|mals
die **Da|me**, die Da|men
da|mit
der **Damm**, die Däm|me
die **Däm|me|rung**, die Däm|me|run|gen
der **Dampf**, die Dämp|fe
damp|fen, es dampft
der **Damp|fer**, die Dam|pfer
da|nach
da|ne|ben
Dä|ne|mark
der **Dank**
dank|bar
dan|ken, du dankst
dann
da|ran
da|rauf
da|raus
du **darfst** ◁ dürfen
da|rin
der **Darm**, die Där|me
da|rü|ber
da|rum
da|run|ter
das
dass
das|sel|be
die **Da|tei**, die Da|tei|en
die **Da|ten**
der **Da|tiv**
das **Da|tum**, die Da|ten
dau|ern, es dauert
dau|ernd
der **Dau|men**, die Dau|men
da|von
da|vor
da|zu
da|zwi|schen
die **De|cke**, die De|cken

de|cken, du deckst
deh|nen, du dehnst
der **Deich**, die Dei|che
dein
dei|ne
dei|ner
dei|net|we|gen
der **Del|fin** – Del|phin, die Del|fi|ne – Del|phi|ne
die **Del|le**, die Del|len 5
der **Del|phin** – Del|fin, die Del|phi|ne – Del|fi|ne
dem
dem|nach
dem|nächst
die **De|mo|kra|tie**, die De|mo|kra|ti|en
de|mo|kra|tisch
die **De|mons|tra|ti|on**, die De|mons|tra|tio|nen
de|mons|trie|ren, du demonstrierst
den
de|nen
den|ken, du denkst, sie dachte
das **Denk|mal**, die Denk|mä|ler
denn
den|noch
der
de|ren
der|sel|be
des
des|halb
der **Desk|top**, die Desk|tops
des|sen
des|to
der **De|tek|tiv**, die De|tek|ti|ve
die **De|tek|ti|vin**, die De|tek|ti|vin|nen
deu|ten, du deutest
deut|lich
deutsch
das **Deutsch**
Deutsch|land
der **De|zem|ber**
der **De|zi|me|ter** (z.B. 7 dm) 1
der **Dia|lekt**, die Dia|lek|te
der **Dia|mant**, die Dia|man|ten
die **Di|ät**, die Diä|ten
dich
dicht
dich|ten, du dichtest
die **Dich|tung**, die Dich|tun|gen
dick
das **Di|ckicht**, die Di|ckich|te
die
der **Dieb|stahl**, die Dieb|stäh|le

die **Die|le**, die Die|len
die|nen, du dienst
der **Dienst**, die Diens|te
der **Diens|tag**, die Diens|ta|ge
diens|tags
dies
die|se
die|ser
die|ses
die|sel|be
die|sig
dies|mal
die **Dif|fe|renz**,
die Dif|fe|ren|zen
di|gi|tal
das **Dik|tat**, die Dik|ta|te
die **Dik|ta|tur**,
die Dik|ta|tu|ren
dik|tie|ren, du diktierst
DIN (z.B. DIN A4)
das **Ding**, die Din|ge
der **Di|no|sau|ri|er**,
die Di|no|sau|ri|er 1
dir
di|rekt
der **Di|rek|tor**, die Di|rek|to|ren
die **Di|rek|to|rin**,
die Di|rek|to|rin|nen
der **Di|ri|gent**, die Di|ri|gen|ten
die **Di|ri|gen|tin**,
die Di|ri|gen|tin|nen
di|ri|gie|ren, du dirigierst
die **Dis|co** – Dis|ko,
die Dis|cos – Dis|kos
die **Dis|kus|si|on**,
die Dis|kus|sio|nen
dis|ku|tie|ren, du diskutierst
das **Dis|play**, die Dis|plays
die **Dis|tel**, die Dis|teln
di|vi|die|ren, du dividierst
die **Di|vi|si|on**, die Di|vi|sio|nen
dm (Dezimeter)
doch
der **Docht**, die Doch|te
der **Dok|tor**, die Dok|to|ren
die **Dok|to|rin**,
die Dok|to|rin|nen
das **Do|ku|ment**,
die Do|ku|men|te
der **Dolch**, die Dol|che
der **Dol|lar**, die Dol|lars
der **Dol|met|scher**,
die Dol|met|scher
die **Dol|met|sche|rin**,
die Dol|met|sche|rin|nen
der **Dom**, die Do|me
die **Do|nau**
der **Dö|ner**, die Dö|ner

der **Don|ner**, die Don|ner
don|nern, es donnert
der **Don|ners|tag**, die Don|ners|ta|ge 6
don|ners|tags
doof
das **Do|ping**, die Do|pings
dop|pelt
der **Dop|pel|punkt**, die Dop|pel|punk|te
das **Dorf**, die Dör|fer
der **Dorn**, die Dor|nen
dort
die **Do|se**, die Do|sen
dö|sen, du döst
das **Dot|ter** – der Dot|ter, die Dot|ter
down|loa|den, du downloadest
der **Dra|che**, die Dra|chen
der **Dra|chen**, die Dra|chen
der **Draht**, die Dräh|te
dran
drän|geln, du drängelst
drän|gen, du drängst
drauf
drau|ßen
der **Dreck**
dre|ckig 3
dre|hen, du drehst
drei
drei|mal
das **Drei|eck**, die Drei|ecke
drei|eckig
drei|ßig
dre|schen, du drischst, er drosch
dres|sie|ren, du dressierst
drib|beln, du dribbelst
drin
drin|gend
drin|nen
du **drischst** ◁ dreschen
die **Dro|ge**, die Dro|gen
die **Dro|ge|rie**, die Dro|ge|ri|en
dro|hen, du drohst
dröh|nen, es dröhnt
die **Dro|hung**, die Dro|hun|gen 3
er **drosch** ◁ dreschen
die **Dros|sel**, die Dros|seln
der **Druck**, die Dru|cke
dru|cken, du druckst
drü|cken, du drückst
der **Dru|cker**, die Dru|cker
der **Dschun|gel**, die Dschun|gel
du
der **Dü|bel**, die Dü|bel

sich **du|cken**, du duckst dich
der **Duft**, die Düf|te
duf|ten, du duftest
dumm, dümmer, am dümmsten
düm|mer, am dümmsten ◁ dumm
die **Dumm|heit**, die Dumm|hei|ten
dumpf
die **Dü|ne**, die Dü|nen
der **Dün|ger**, die Dün|ger
dun|kel
die **Dun|kel|heit**
dünn
der **Dunst**, die Düns|te
durch
durch|ei|nan|der
durch|läs|sig
der **Durch|mes|ser**, die Durch|mes|ser
der **Durch|schnitt**
durch|schnitt|lich
durch|sich|tig
dür|fen, du darfst, er durfte
er **durf|te** ◁ dürfen
dürr
der **Durst**
durs|tig 3
die **Du|sche**, die Du|schen
du|schen, du duschst
düs|ter
das **Dut|zend**, die Dut|zen|de
du|zen, du duzt
die **DVD**, die DVDs
der **Dy|na|mo**, die Dy|na|mos

E

die **Eb|be**, die Eb|ben 5
eben
die **Ebe|ne**, die Ebe|nen
eben|falls
eben|so
das **Echo**, die Echos
echt
die **Ecke**, die Ecken

eckig
der **Edel|stein**, die Edel|stei|ne
EDV (elektronische Datenverarbeitung)
der **Efeu**
egal
ego|is|tisch
die **Ehe**, die Ehen
ehe
eher
die **Eh|re**, die Eh|ren
ehr|gei|zig
ehr|lich
das **Ei**, die Ei|er
die **Ei|che**, die Ei|chen
die **Ei|chel**, die Ei|cheln
das **Eich|hörn|chen**, die Eich|hörn|chen
die **Ei|dech|se**, die Ei|dech|sen
ei|fer|süch|tig
eif|rig
ei|gen
ei|gen|ar|tig ❻
die **Ei|gen|schaft**, die Ei|gen|schaf|ten
ei|gen|sin|nig
ei|gent|lich
das **Ei|gen|tum**, die Ei|gen|tü|mer
sich **eig|nen**, du eignest dich
die **Ei|le**
ei|len, du eilst
ei|lig
der **Ei|mer**, die Ei|mer
ein
ei|nan|der
ei|ne
ei|ner
ei|nes
die **Ein|bahn|stra|ße**, die Ein|bahn|stra|ßen ❶
der **Ein|band**, die Ein|bän|de
sich **ein|bil|den**, du bildest dir ein
der **Ein|bre|cher**, die Ein|bre|cher
die **Ein|bre|che|rin**, die Ein|bre|che|rin|nen
ein|deu|tig
der **Ein|druck**, die Ein|drü|cke
ein|drucks|voll
ein|ei|ig
ein|fach
die **Ein|fahrt**, die Ein|fahr|ten
ein|fal|len, dir fällt ein, ihr fiel ein
ein|far|big ❺
der **Ein|fluss**, die Ein|flüs|se

ein|fü|gen, du fügst ein
der **Ein|gang**, die Ein|gän|ge
ein|ge|ben, du gibst ein, er gab ein
ein|ge|bil|det
ein|hef|ten, du heftest ein
ein|hei|misch
die **Ein|heit**, die Ein|hei|ten
ein|hun|dert
ei|ni|ge
sich **ei|ni|gen**, du einigst dich
ei|ni|ger|ma|ßen
ein|kau|fen, du kaufst ein
ein|la|den, du lädst ein, er lud ein
die **Ein|lei|tung**, die Ein|lei|tun|gen
sich **ein|log|gen**, du loggst dich ein
ein|mal
das **Ein|mal|eins**
ein|ma|lig
ein|neh|men, du nimmst ein, sie nahm ein
sich **ein|prä|gen**, du prägst dir ein
die **Ein|rich|tung**, die Ein|rich|tun|gen
eins
ein|sam
ein|sam|meln, du sammelst ein
ein|sei|tig 6
ein|sper|ren, du sperrst ein
ein|spu|rig
einst
ein|stim|mig
ein|tra|gen, du trägst ein, sie trug ein
ein|ver|stan|den
der **Ein|wand**, die Ein|wän|de
der **Ein|wan|de|rer**, die Ein|wan|de|rer
die **Ein|wan|de|rin**, die Ein|wan|de|rin|nen
ein|wand|frei
der **Ein|woh|ner**, die Ein|woh|ner 4
die **Ein|woh|ne|rin**, die Ein|woh|ne|rin|nen
die **Ein|zahl**
die **Ein|zel|heit**, die Ein|zel|hei|ten
ein|zeln
ein|zig
ein|zig|ar|tig
das **Eis**, die Eis
das **Ei|sen**, die Ei|sen

die **Ei|sen|bahn**,
die Ei|sen|bah|nen
das **Eis|ho|ckey**
ei|sig
ei|tel
der **Ei|ter**
ei|te|rig – eit|rig
der **Ekel**
eke|lig – ek|lig
sich **ekeln**, du ekelst dich
die **El|be**
der **Elch**, die El|che
der **Ele|fant**, die Ele|fan|ten
ele|gant
der **Elekt|ri|ker**, die Elekt|ri|ker
die **Elekt|ri|ke|rin**,
die Elekt|ri|ke|rin|nen
elekt|risch
die **Elekt|ri|zi|tät** ❶
elekt|ro|nisch
das **Ele|ment**, die Ele|men|te
das **Elend**
elf
der **Ell|bo|gen** – El|len|bo|gen,
die Ell|bo|gen –
El|len|bo|gen
die **Els|ter**, die Els|tern
die **El|tern**
die **E-Mail**, die E-Mails

sie **emp|fahl** ◁ empfehlen
er **emp|fand** ◁ empfinden
emp|fan|gen, du empfängst,
sie empfing
du **emp|fängst** ◁ empfangen
emp|feh|len, du empfiehlst,
sie empfahl
du **emp|fiehlst** ◁ empfehlen
emp|fin|den, du empfindest,
er empfand
emp|find|lich
sie **emp|fing** ◁ empfangen
em|por
sich **em|pö|ren**, du empörst dich
em|pört
das **En|de**, die En|den
end|gül|tig
end|lich
end|los
die **En|dung**, die En|dun|gen
die **Ener|gie**, die Ener|gi|en ❹
ener|gie|spa|rend
ener|gisch
eng
sich **en|ga|gie|ren**,
du engagierst dich
der **En|gel**, die En|gel
Eng|land
das **Eng|lisch**

A B C D **E** F G H I J K L M N O P Q R S T U V W X Y Z

der **En|kel**, die En|kel
die **En|ke|lin**, die En|ke|lin|nen
enorm
die **Ent|bin|dung**, die Ent|bin|dun|gen
ent|de|cken, du entdeckst
die **En|te**, die En|ten
die **En|ter|tas|te**, die En|ter|tas|ten
sich **ent|fer|nen**, du entfernst dich
ent|füh|ren, du entführst
ent|ge|gen
ent|geg|nen, du entgegnest
ent|lang
ent|las|sen, du entlässt, sie entließ
sie **ent|ließ** ◁ entlassen
ent|schei|den, du entscheidest, er entschied
die **Ent|schei|dung**, die Ent|schei|dun|gen
er **ent|schied** ◁ entscheiden
sich **ent|schlie|ßen**, du entschließt dich, sie entschloss sich
sie **ent|schloss** sich ◁ sich entschließen
der **Ent|schluss**, die Ent|schlüs|se
sich **ent|schul|di|gen**, du entschuldigst dich
die **Ent|schul|di|gung**, die Ent|schul|di|gun|gen
ent|setz|lich
ent|setzt
die **Ent|span|nung**, die Ent|span|nun|gen
ent|täuscht
die **Ent|täu|schung**, die Ent|täu|schun|gen
ent|we|der
ent|wi|ckeln, du entwickelst
die **Ent|wick|lung**, die Ent|wick|lun|gen
der **Ent|wurf**, die Ent|wür|fe
ent|zü|ckend
die **Ent|zün|dung**, die Ent|zün|dun|gen 1
ent|zwei
er
das **Er|be**
er|ben, du erbst
die **Erb|se**, die Erb|sen
das **Erd|be|ben**, die Erd|be|ben
die **Erd|bee|re**, die Erd|bee|ren
die **Er|de**

die **Erd|kun|de**
die **Erd|nuss**, die Erd|nüs|se
sich **er|eig|nen**, es ereignet sich
das **Er|eig|nis**,
die Er|eig|nis|se (3)
er|fah|ren, du erfährst,
er erfuhr
du **er|fährst** ◁ erfahren
die **Er|fah|rung**,
die Er|fah|run|gen
die **Er|fin|dung**,
die Er|fin|dun|gen
er|fin|de|risch
der **Er|folg**, die Er|fol|ge
er|folg|reich
er|freu|lich
er|fri|schend
er **er|fuhr** ◁ erfahren
er|gän|zen, du ergänzt
das **Er|geb|nis**,
die Er|geb|nis|se
er|hol|sam
sich **er|in|nern**, du erinnerst dich
die **Er|in|ne|rung**,
die Er|in|ne|run|gen
sich **er|käl|ten**, du erkältest dich
die **Er|käl|tung**,
die Er|käl|tun|gen (4)
sie **er|kann|te** ◁ erkennen
er|ken|nen, du erkennst,
sie erkannte
er|klä|ren, du erklärst
die **Er|klä|rung**,
die Er|klä|run|gen
sich **er|kun|di|gen**,
du erkundigst dich
er|lau|ben, du erlaubst
er|le|ben, du erlebst
das **Er|leb|nis**, die Er|leb|nis|se
er|le|di|gen, du erledigst
er|le|digt
er|leich|tert
er|lö|sen, du erlöst
er|mah|nen, du ermahnst
er|mä|ßigt
sich **er|näh|ren**, du ernährst dich
die **Er|näh|rung** (4)
ernst
der **Ernst**
ernst|haft
die **Ern|te**, die Ern|ten
ern|ten, du erntest
er|obern, du eroberst
die **Er|pres|sung**,
die Er|pres|sun|gen
er|ra|ten, du errätst, er erriet
du **er|rätst** ◁ erraten
er|rei|chen, du erreichst

er **er|riet** ◁ erraten
der **Er|satz**
er|schöpft
sie **er|schrak** ◁ erschrecken
er|schre|cken,
du erschrickst, sie erschrak
du **er|schrickst** ◁ erschrecken
er|schüt|ternd
er|set|zen, du ersetzt
erst
er|star|ren, du erstarrst
er|staunt
die **Ers|te Hil|fe**
ers|tens
er|sti|cken, du erstickst
er|tap|pen, du ertappst
sie **er|trank** ◁ ertrinken
er|trin|ken, du ertrinkst,
sie ertrank
er|wach|sen
der **Er|wach|se|ne**,
die Er|wach|se|nen
die **Er|wach|se|ne**,
die Er|wach|se|nen
er|war|ten, du erwartest
die **Er|war|tung**,
die Er|war|tun|gen
er|wi|dern, du erwiderst
er|zäh|len, du erzählst

die **Er|zäh|lung**,
die Er|zäh|lun|gen ❸
er|zie|hen, du erziehst
die **Er|zie|hung**
der **Er|zie|her**, die Er|zie|her,
die **Er|zie|he|rin**,
die Er|zie|he|rin|nen
es
der **Esel**, die Esel
der **Es|ki|mo**, die Es|ki|mos
ess|bar
das **Es|sen**, die Es|sen
es|sen, du isst, sie aß
der **Es|sig**, die Es|si|ge
Est|land
die **Eta|ge**, die Eta|gen
die **Etap|pe**, die Etap|pen
das **Eti|kett**,
die Eti|ket|ten – Eti|ketts ❽
et|wa
et|was
die **EU** (Europäische Union)
euch
eu|er
eu|re – eue|re
die **Eu|le**, die Eu|len
der **Eu|ro**, die Eu|ros (z.B. 9 €)
Eu|ro|pa
eu|ro|pä|isch

A B C D E F G H I J K L M N O P Q R S T U V W X Y Z

das **Eu|ter**, die Eu|ter
evan|ge|lisch
das **Evan|ge|li|um**, die Evan|ge|li|en
even|tu|ell (evtl.)
evtl. (eventuell)
ewig
exakt
das **Exa|men**, die Exa|men
das **Exemp|lar**, die Exemp|la|re
die **Exis|tenz**, die Exis|ten|zen
exis|tie|ren, du existierst
exo|tisch
die **Ex|pe|di|ti|on**, die Ex|pe|di|tio|nen
das **Ex|pe|ri|ment**, die Ex|pe|ri|men|te 1
ex|pe|ri|men|tie|ren, du experimentierst
der **Ex|per|te**, die Ex|per|ten
die **Ex|per|tin**, die Ex|per|tin|nen
ex|plo|die|ren, es explodiert
die **Ex|plo|si|on**, die Ex|plo|sio|nen
ext|ra
ext|rem

F

die **Fa|bel**, die Fa|beln
fa|bel|haft
die **Fab|rik**, die Fab|ri|ken
das **Fach**, die Fä|cher
die **Fa|ckel**, die Fa|ckeln
der **Fa|den**, die Fä|den
fä|hig
die **Fä|hig|keit**, die Fä|hig|kei|ten
fahn|den, du fahndest
die **Fahn|dung**, die Fahn|dun|gen
die **Fah|ne**, die Fah|nen
die **Fäh|re**, die Fäh|ren
fah|ren, du fährst, sie fuhr
das **Fahr|rad**, die Fahr|rä|der
du **fährst** ◁ fahren 4
die **Fahrt**, die Fahr|ten

die **Fähr|te**, die Fähr|ten
das **Fahr|zeug**, die Fahr|zeu|ge
fair
die **Fair|ness**
der **Fal|ke**, die Fal|ken
der **Fak|tor**, die Fak|to|ren
der **Fall**, die Fäl|le
die **Fal|le**, die Fal|len
fal|len, du fällst, er fiel
fäl|len, du fällst
falls
du **fällst** ◁ fallen
der **Fall|schirm**, die Fall|schir|me
falsch
fäl|schen, du fälschst
die **Fal|te**, die Fal|ten
fal|ten, du faltest
der **Fal|ter**, die Fal|ter
fal|tig
die **Fa|mi|lie**, die Fa|mi|li|en
der **Fan**, die Fans
er **fand** ◁ finden
fan|gen, du fängst, sie fing
du **fängst** ◁ fangen
die **Fan|ta|sie** – Phan|ta|sie, die Fan|ta|sien – Phan|ta|sien

fan|tas|tisch – phan|tas|tisch
die **Far|be**, die Far|ben
fär|ben, du färbst (4)
far|big
die **Farm**, die Far|men
der **Farn**, die Far|ne
der **Fa|sching**
die **Fa|ser**, die Fa|sern
das **Fass**, die Fäs|ser
fas|sen, du fasst
die **Fas|sung**, die Fas|sun|gen
fast
fas|ten, du fastest
das **Fast Food** – Fast|food
die **Fast|nacht**
fau|chen, du fauchst
faul
fau|len, es fault
die **Faul|heit**
fau|len|zen, du faulenzt
die **Faust**, die Fäus|te
der **Fa|vo|rit**, die Fa|vo|ri|ten
die **Fa|vo|ri|tin**, die Fa|vo|ri|tin|nen
das **Fax**, die Fa|xe
die **Fa|xen**
der **Feb|ru|ar** (1)
fech|ten, du fichtst, sie focht

A B C D E F G H I J K L M N O P Q R S T U V W X Y Z

die **Fe|der**, die Fe|dern
die **Fee**, die Fe|en
fe|gen, du fegst
feh|len, du fehlst
der **Feh|ler**, die Feh|ler
feh|ler|frei
die **Fei|er**, die Fei|ern
fei|er|lich
fei|ern, du feierst
feig – fei|ge
die **Fei|ge**, die Fei|gen
der **Feig|ling**, die Feig|lin|ge
fei|len, du feilst
fein
der **Feind**, die Fein|de
die **Fein|din**, die Fein|din|nen
feind|lich
das **Feld**, die Fel|der
die **Fel|ge**, die Fel|gen
das **Fell**, die Fel|le
der **Fels** – Fel|sen, die Fel|sen
fel|sig 6
der **Fen|chel**
das **Fens|ter**, die Fens|ter
die **Fe|ri|en**
das **Fer|kel**, die Fer|kel
fern
die **Fer|ne**, die Fer|nen
das **Fern|se|hen**
fern|se|hen, du siehst fern, er sah fern
die **Fer|se**, die Fer|sen
fer|tig
die **Fes|sel**, die Fes|seln
fes|seln, du fesselst
fest
das **Fest**, die Fes|te
fest|lich
fett
fet|tig
der **Fet|zen**, die Fet|zen
feucht
die **Feuch|tig|keit**
das **Feu|er**, die Feu|er
die **Feu|er|wehr**, die Feu|er|weh|ren
das **Feu|er|werk**, die Feu|er|wer|ke
feu|rig
die **Fich|te**, die Fich|ten
du **fichtst** ◁ fechten
das **Fie|ber**, die Fie|ber
fieb|rig
er **fiel** ◁ fallen
fies
die **Fi|gur**, die Fi|gu|ren 8
die **Fi|lia|le**, die Fi|lia|len
der **Film**, die Fil|me

A B C D E F G H I J K L M N O P Q R S T U V W X Y Z

fil|tern, du filterst
der **Filz|stift**, die Filz|stif|te
fi|nan|zie|ren, du finanzierst
fin|den, du findest, er fand
sie **fing** ◁ fangen
der **Fin|ger**, die Fin|ger
Finn|land
fins|ter
die **Fins|ter|nis**, die Fins|ter|nis|se
die **Fir|ma**, die Fir|men
die **Fir|mung**, die Fir|mun|gen
der **Fisch**, die Fi|sche
fit, fitter, am fittesten
die **Fit|ness**
fitter, am fittesten ◁ fit
fix
flach
die **Flä|che**, die Flä|chen
fla|ckern, es flackert
der **Fla|den**, die Fla|den
die **Flag|ge**, die Flag|gen 1
der **Fla|min|go**, die Fla|min|gos
die **Flam|me**, die Flam|men
die **Fla|sche**, die Fla|schen
flat|tern, es flattert
flau
flau|mig
flech|ten, du flichtst, er flocht
der **Fleck**, die Fle|cken
fle|ckig
die **Fle|der|maus**, die Fle|der|mäu|se
fle|hen, du flehst
das **Fleisch**
der **Fleiß**
flei|ßig
du **flichtst** ◁ flechten
fli|cken, du flickst
der **Flie|der**, die Flie|der
die **Flie|ge**, die Flie|gen
flie|gen, du fliegst, sie flog
flie|hen, du fliehst, er floh
die **Flie|se**, die Flie|sen
flie|ßen, es fließt, es floss
flim|mern, es flimmert
flink
flit|zen, du flitzt
er **flocht** ◁ flechten
die **Flo|cke**, die Flo|cken
sie **flog** ◁ fliegen
der **Floh**, die Flö|he
er **floh** ◁ fliehen
das **Floß**, die Flö|ße 8
es **floss** ◁ fließen
die **Flos|se**, die Flos|sen

die **Flö|te**, die Flö|ten
der **Fluch**, die Flü|che
flu|chen, du fluchst
die **Flucht**, die Fluch|ten
flüch|ten, du flüchtest
der **Flücht|ling**, die Flücht|lin|ge
der **Flug**, die Flü|ge
der **Flü|gel**, die Flü|gel
flüg|ge
das **Flug|zeug**, die Flug|zeu|ge
der **Flur**, die Flu|re
der **Fluss**, die Flüs|se
flüs|sig
die **Flüs|sig|keit**,
die Flüs|sig|kei|ten
flüs|tern, du flüsterst
die **Flut**, die Flu|ten
der **Fly|er**, die Fly|er
sie **focht** ◁ fechten
das **Foh|len**, die Foh|len
der **Föhn**, die Föh|ne
die **Fol|ge**, die Fol|gen
fol|gen, du folgst
die **Fo|lie**, die Fo|li|en
fol|tern, es wird gefoltert
for|dern, du forderst
för|dern, du förderst
die **Fo|rel|le**, die Fo|rel|len
die **Form**, die For|men
for|men, du formst
das **For|mu|lar**, die For|mu|la|re
for|schen, du forschst
die **For|schung**,
die For|schun|gen
fort
der **Fort|schritt**,
die Fort|schrit|te
fort|schritt|lich
die **Fort|set|zung**,
die Fort|set|zun|gen
das **Fo|to**, die Fo|tos
die **Fo|to|gra|fie**,
die Fo|to|gra|fi|en 1
fo|to|gra|fie|ren,
du fotografierst
die **Fo|to|ko|pie**,
die Fo|to|ko|pi|en
das **Foul**, die Fouls
der **Frach|ter**, die Frach|ter
die **Fra|ge**, die Fra|gen
fra|gen, du fragst
das **Fra|ge|zei|chen**,
die Fra|ge|zei|chen
Frank|reich
das **Fran|zö|sisch**
es **fraß** ◁ fressen
die **Frau**, die Frau|en
frech

die **Frech|heit**, die Frech|hei|ten

frei

frei|hän|dig 4

die **Frei|heit**, die Frei|hei|ten

frei|lich

der **Frei|tag**, die Frei|ta|ge

frei|tags

frei|wil|lig

die **Frei|zeit**

fremd

der **Frem|de**, die Frem|den

die **Frem|de**, die Frem|den

die **Fremd|spra|che**, die Fremd|spra|chen

fres|sen, es frisst, es fraß

die **Freu|de**, die Freu|den

sich **freu|en**, du freust dich

der **Freund**, die Freun|de

die **Freun|din**, die Freun|din|nen

freund|lich

die **Freund|schaft**, die Freund|schaf|ten

freund|schaft|lich

der **Frie|de** – Frie|den, die Frie|den

der **Fried|hof**, die Fried|hö|fe

fried|lich

frie|ren, du frierst, sie fror

frisch

fri|sie|ren, du frisierst

es **frisst** ◁ fressen

die **Frist**, die Fris|ten

frist|los

die **Fri|sur**, die Fri|su|ren

froh

die **Fröh|lich|keit**

fröh|lich

fromm

Fron|leich|nam

fron|tal

sie **fror** ◁ frieren

der **Frosch**, die Frö|sche

der **Frost**, die Frös|te

frös|teln, du fröstelst

fros|tig

die **Frucht**, die Früch|te

frucht|bar

früh

frü|her

frü|hes|tens – frühs|tens

das **Früh|jahr**, die Früh|jah|re

der **Früh|ling**, die Früh|lin|ge

das **Früh|stück**, die Früh|stü|cke

der **Fuchs**, die Füch|se 8

die **Fu|ge**, die Fu|gen

füh|len, du fühlst

der **Füh|ler** (z.B. eines Käfers), die Füh|ler

sie **fuhr** ◁ fahren
füh|ren, du führst
fül|len, du füllst
der **Fül|ler** (Schreibgerät), die Fül|ler
der **Fund**, die Fun|de
fünf
fünf|mal
fünf|zig 6
der **Fun|ke** – Fun|ken, die Fun|ken
fun|keln, es funkelt
funk|tio|nie|ren, es funktioniert
für

die **Furcht**
furcht|bar
fürch|ten, du fürchtest
fürch|ter|lich
für|ei|nan|der 3
der **Fuß**, die Fü|ße 8
der **Fuß|ball**
der **Fuß|gän|ger**, die Fuß|gän|ger
die **Fuß|gän|ge|rin**, die Fuß|gän|ge|rin|nen
das **Fut|ter** 5
fut|tern, du futterst
füt|tern, du fütterst
das **Fu|tur**

G

g (Gramm)
er **gab** ◁ geben
die **Ga|bel**, die Ga|beln 1
der **Ga|bel|stap|ler**, die Ga|bel|stap|ler
ga|ckern, es gackert
gaf|fen, du gaffst

der **Gag**, die Gags
gäh|nen, du gähnst
die **Ga|la|xie**, die Ga|la|xi|en
die **Gal|le**, die Gal|len
ga|lop|pie|ren, es galoppiert 1
es **galt** ◁ gelten

gam|meln, du gammelst
der **Gang**, die Gän|ge 6
die **Gang|schal|tung**, die Gang|schal|tun|gen
die **Gans**, die Gän|se
das **Gän|se|blüm|chen**, die Gän|se|blüm|chen 7
das **Gän|se|füß|chen**, die Gän|se|füß|chen
ganz
gänz|lich
gar
die **Ga|ra|ge**, die Ga|ra|gen
die **Ga|ran|tie**, die Ga|ran|ti|en
ga|ran|tie|ren, du garantierst
die **Gar|de|ro|be**, die Gar|de|ro|ben
die **Gar|di|ne**, die Gar|di|nen
der **Gar|ten**, die Gär|ten
der **Gärt|ner**, die Gärt|ner
die **Gärt|ne|rin**, die Gärt|ne|rin|nen
das **Gas**, die Ga|se
die **Gas|se**, die Gas|sen
der **Gast**, die Gäs|te 4
die **Gast|stät|te**, die Gast|stät|ten
die **Gau|di**
der **Gaul**, die Gäu|le
der **Gau|men**, die Gau|men
der **Gau|ner**, die Gau|ner
die **Gau|ne|rin**, die Gau|ne|rin|nen
die **Ga|zel|le**, die Ga|zel|len
GB (Gigabyte)
das **Ge|bäck**, die Ge|bä|cke
sie **ge|bar** ◁ gebären
die **Ge|bär|den|spra|che**, die Ge|bär|den|spra|chen
ge|bä|ren, sie gebärt, sie gebar
das **Ge|bäu|de**, die Ge|bäu|de
ge|ben, du gibst, er gab
das **Ge|bet**, die Ge|be|te
das **Ge|biet**, die Ge|bie|te
ge|bil|det
das **Ge|bir|ge**, die Ge|bir|ge 2
das **Ge|biss**, die Ge|bis|se
ge|bis|sen ◁ beißen
ge|blie|ben ◁ bleiben
ge|blümt
ge|bo|gen ◁ biegen
ge|bo|ren
das **Ge|bot**, die Ge|bo|te
ge|bo|ten ◁ bieten
ge|bracht ◁ bringen
ge|brannt ◁ brennen

ge|brau|chen, du gebrauchst
ge|braucht
ge|brech|lich
ge|bro|chen ◁ brechen
die **Ge|bühr**, die Ge|büh|ren
ge|bun|den ◁ binden
die **Ge|burt**, die Ge|bur|ten
der **Ge|burts|tag**, die Ge|burts|ta|ge
das **Ge|büsch**, die Ge|bü|sche
ge|dacht ◁ denken
das **Ge|dächt|nis**, die Ge|dächt|nis|se
der **Ge|dan|ke**, die Ge|dan|ken
ge|dei|hen, es gedeiht, es gedieh
das **Ge|dicht**, die Ge|dich|te
es **gedieh** ◁ gedeihen
das **Ge|drän|ge**
ge|dro|schen ◁ dreschen
ge|druckt ◁ drucken
die **Ge|duld**
ge|dul|dig
ge|durft ◁ dürfen
ge|eig|net ◁ eignen
die **Ge|fahr**, die Ge|fah|ren
ge|fähr|lich
ge|fal|len, du gefällst, es gefiel
du **ge|fällst** ◁ gefallen
ge|fäl|ligst
ge|fan|gen
das **Ge|fäng|nis**, die Ge|fäng|nis|se 7
das **Ge|fäß**, die Ge|fä|ße
das **Ge|fie|der**, die Ge|fie|der 2
es **ge|fiel** ◁ gefallen
ge|floch|ten ◁ flechten
ge|flo|gen ◁ fliegen
ge|flo|hen ◁ fliehen
ge|flos|sen ◁ fließen
das **Ge|flü|gel**
ge|frä|ßig
ge|frie|ren, es gefriert, es gefror
es **ge|fror** ◁ gefrieren
das **Ge|fühl**, die Ge|füh|le
ge|fun|den ◁ finden
ge|gan|gen ◁ gehen
ge|gen
die **Ge|gend**, die Ge|gen|den 6
ge|gen|ei|nan|der
der **Ge|gen|satz**, die Ge|gen|sät|ze
ge|gen|sei|tig

A B C D E F G H I J K L M N O P Q R S T U V W X Y Z

A B C D E F G H I J K L M N O P Q R S T U V W X Y Z

der **Ge|gen|stand**, die Ge|gen|stän|de
das **Ge|gen|teil**, die Ge|gen|tei|le
ge|gen|über
die **Ge|gen|wart**
ge|glit|ten ◁ gleiten
der **Geg|ner**, die Geg|ner
die **Geg|ne|rin**, die Geg|ne|rin|nen
ge|gol|ten ◁ gelten
ge|gos|sen ◁ gießen
ge|grif|fen ◁ greifen
ge|habt ◁ haben
das **Ge|halt**, die Ge|häl|ter
ge|han|gen ◁ hängen
ge|häs|sig
das **Ge|häu|se**, die Ge|häu|se
das **Ge|he|ge**, die Ge|he|ge
ge|heim
das **Ge|heim|nis**, die Ge|heim|nis|se
ge|heim|nis|voll
ge|hen, du gehst, er ging
ge|heu|er
das **Ge|hirn**, die Ge|hir|ne
ge|ho|ben ◁ heben
ge|hol|fen ◁ helfen
das **Ge|hör**
ge|hor|chen, du gehorchst
ge|hö|ren, es gehört
ge|hör|los
ge|hor|sam
der **Geh|steig**, die Geh|stei|ge
der **Gei|er**, die Gei|er
die **Gei|ge**, die Gei|gen (1)
die **Gei|sel**, die Gei|seln
der **Geist**, die Geis|ter
geis|tig
der **Geiz**
der **Geiz|hals**, die Geiz|häl|se
gei|zig
ge|kannt ◁ kennen (5)
ge|klun|gen ◁ klingen
ge|knif|fen ◁ kneifen
ge|konnt ◁ können
das **Ge|läch|ter**, die Ge|läch|ter (4)
ge|lähmt
das **Ge|län|de**, die Ge|län|de
das **Ge|län|der**, die Ge|län|der
es **ge|lang** ◁ gelingen
ge|las|sen
ge|launt
gelb
das **Geld**, die Gel|der
die **Geld|bör|se**, die Geld|bör|sen

das **Ge|lee**, die Ge|lees
ge|le|gen ◁ liegen
die **Ge|le|gen|heit**, die Ge|le|gen|hei|ten
ge|le|gent|lich
ge|lehrt ◁ lehren
das **Ge|lenk**, die Ge|len|ke
ge|len|kig
ge|liebt ◁ lieben
ge|lie|hen ◁ leihen
ge|lin|gen, es gelingt, es gelang
ge|lit|ten ◁ leiden
ge|lockt
ge|lo|gen ◁ lügen
gel|ten, es gilt, es galt
ge|lun|gen ◁ gelingen
ge|mäch|lich
das **Ge|mäl|de**, die Ge|mäl|de
ge|mein
die **Ge|mein|de**, die Ge|mein|den
die **Ge|mein|heit**, die Ge|mein|hei|ten
ge|mein|sam
die **Ge|mein|schaft**, die Ge|mein|schaf|ten
ge|mie|den ◁ meiden
ge|mocht ◁ mögen
ge|mol|ken ◁ melken
das **Ge|mur|mel**
das **Ge|mü|se**
ge|musst ◁ müssen
ge|mus|tert
ge|müt|lich
ge|nannt ◁ nennen
ge|nau
die **Ge|nau|ig|keit**
ge|nau|so
ge|neh|mi|gen, du genehmigst
die **Ge|ne|ra|ti|on**, die Ge|ne|ra|tio|nen
der **Ge|ne|ra|tor**, die Ge|ne|ra|to|ren
ge|ni|al
das **Ge|nick**, die Ge|ni|cke
sich **ge|nie|ren**, du genierst dich
ge|nie|ßen, du genießt, er genoss
der **Ge|ni|tiv**
ge|nom|men ◁ nehmen
er **ge|noss** ◁ genießen
ge|nos|sen ◁ genießen
ge|nug
ge|nü|gend
der **Ge|nuss**, die Ge|nüs|se
die **Geo|met|rie**

das **Ge|päck**
der **Ge|pard**, die Ge|par|den
ge|passt ◁ passen
ge|pfif|fen ◁ pfeifen
ge|presst ◁ pressen
ge|punk|tet
ge|quol|len ◁ quellen
ge|ra|de ①
ge|ra|de|aus
ge|rannt ◁ rennen
das **Ge|rät**, die Ge|rä|te
ge|ra|ten, du gerätst, sie geriet
du **ge|rätst** ◁ geraten
ge|räu|mig
das **Ge|räusch**, die Ge|räu|sche
ge|recht
die **Ge|rech|tig|keit**
das **Ge|richt**, die Ge|rich|te
ge|rie|ben ◁ reiben
sie **ge|riet** ◁ geraten
ge|ring
ge|rin|gelt
das **Ge|rip|pe**, die Ge|rip|pe
ge|ris|sen ◁ reißen
ge|rit|ten ◁ reiten
gern – ger|ne
ge|ro|chen ◁ riechen
das **Ge|röll**

ge|ron|nen ◁ rinnen ⑤
die **Gers|te**
der **Ge|ruch**, die Ge|rü|che
das **Ge|rücht**, die Ge|rüch|te
das **Ge|rüm|pel**
ge|run|gen ◁ ringen
das **Ge|rüst**, die Ge|rüs|te
ge|samt
ge|sandt ◁ senden
der **Ge|sang**, die Ge|sän|ge
das **Ge|schäft**, die Ge|schäf|te
ge|schäft|lich
es **ge|schah** ◁ geschehen
ge|sche|hen, es geschieht, es geschah
ge|scheit
das **Ge|schenk**, die Ge|schen|ke
die **Ge|schich|te**, die Ge|schich|ten
die **Ge|schick|lich|keit**
ge|schickt
ge|schie|den ◁ scheiden
es **ge|schieht** ◁ geschehen
ge|schie|nen ◁ scheinen
das **Ge|schirr**, die Ge|schir|re
das **Ge|schlecht**, die Ge|schlech|ter
ge|schli|chen ◁ schleichen
ge|schlif|fen ◁ schleifen

ge|schlos|sen ◁ schließen
der **Ge|schmack**, die Ge|schmä|cker
ge|schmack|los
ge|schmack|voll
ge|schmei|dig
ge|schmol|zen ◁ schmelzen
das **Ge|schnat|ter**
ge|schnit|ten ◁ schneiden
ge|scho|ben ◁ schieben
ge|schockt
das **Ge|schöpf**, die Ge|schöp|fe
ge|scho|ren ◁ scheren
ge|schos|sen ◁ schießen
das **Ge|schrei**
ge|schrie|ben ◁ schreiben
ge|schrien ◁ schreien
das **Ge|schwätz**
ge|schwie|gen ◁ schweigen
die **Ge|schwin|dig|keit**, die Ge|schwin|dig|kei|ten (7)
ge|schwind (6)
die **Ge|schwis|ter**
ge|schwol|len ◁ schwellen
ge|schwom|men ◁ schwimmen
ge|schwo|ren ◁ schwören
ge|schwun|gen ◁ schwingen
das **Ge|schwür**, die Ge|schwü|re

ge|se|hen ◁ sehen
der **Ge|sel|le**, die Ge|sel|len
ge|sel|lig
die **Ge|sel|lig|keit**
die **Ge|sel|lin**, die Ge|sel|lin|nen
die **Ge|sell|schaft**, die Ge|sell|schaf|ten
ge|sen|det ◁ senden
das **Ge|setz**, die Ge|set|ze
ge|setz|lich
das **Ge|sicht**, die Ge|sich|ter
ge|sof|fen ◁ saufen
ge|spannt
das **Ge|spenst**, die Ge|spens|ter
ge|spens|tisch
ge|spon|nen ◁ spinnen
das **Ge|spräch**, die Ge|sprä|che
ge|sprä|chig (4)
ge|spro|chen ◁ sprechen
ge|sprun|gen ◁ springen
die **Ge|stalt**, die Ge|stal|ten
ge|stal|ten, du gestaltest
er **ge|stand** ◁ gestehen
ge|stan|den ◁ gestehen
das **Ge|ständ|nis**, die Ge|ständ|nis|se
der **Ge|stank**
ge|stat|ten, du gestattest

ge|ste|hen, du gestehst, er gestand
das **Ge|stell**, die Ge|stel|le
ges|tern
ge|stie|gen ◁ steigen
das **Ge|stö|ber**
ge|sto|chen ◁ stechen
ge|stoh|len ◁ stehlen (8)
ge|stor|ben ◁ sterben
ge|streift
ge|stri|chen ◁ streichen
das **Ge|strüpp**, die Ge|strüp|pe
ge|stun|ken ◁ stinken
ge|sund, gesünder, am gesündesten (6)
ge|sün|der, am gesündesten ◁ gesund
die **Ge|sund|heit**
ge|sun|gen ◁ singen
ge|sun|ken ◁ sinken
ge|tan ◁ tun
das **Ge|tränk**, die Ge|trän|ke
das **Ge|trei|de**
ge|trie|ben ◁ treiben
ge|trof|fen ◁ treffen
ge|trun|ken ◁ trinken
das **Ge|wächs**, die Ge|wäch|se
die **Ge|walt**, die Ge|wal|ten
ge|wal|tig
das **Ge|wand**, die Ge|wän|der
ge|wandt
er **ge|wann** ◁ gewinnen
das **Ge|wäs|ser**, die Ge|wäs|ser
das **Ge|wehr**, die Ge|weh|re
das **Ge|weih**, die Ge|wei|he (2)
das **Ge|wer|be**, die Ge|wer|be
die **Ge|werk|schaft**, die Ge|werk|schaf|ten
ge|we|sen ◁ sein (1)
das **Ge|wicht**, die Ge|wich|te
das **Ge|wim|mel**
der **Ge|winn**, die Ge|win|ne
ge|win|nen, du gewinnst, er gewann
ge|wiss
das **Ge|wis|sen**
ge|wis|sen|haft
das **Ge|wit|ter**, die Ge|wit|ter
ge|wit|tern, es gewittert
ge|wo|gen ◁ wiegen
ge|wöh|nen, du gewöhnst
die **Ge|wohn|heit**, die Ge|wohn|hei|ten (7)
ge|wöhn|lich
ge|wohnt
ge|wöhnt
ge|wölbt
ge|wollt ◁ wollen

ge|won|nen ◁ gewinnen
ge|wor|ben ◁ werben
ge|wor|den ◁ werden
ge|wor|fen ◁ werfen
das **Ge|würz**, die Ge|wür|ze
ge|wusst ◁ wissen
ge|zackt
die **Ge|zei|ten**
ge|zo|gen ◁ ziehen
ge|zwun|gen ◁ zwingen
du **gibst** ◁ geben
der **Gie|bel**, die Gie|bel
gie|rig
gie|ßen, du gießt, es goss ❽
die **Gieß|kan|ne**, die Gieß|kan|nen
das **Gift**, die Gif|te
gif|tig
das **Gi|ga|byte** (z.B. 2 GB), die Gi|ga|byte – Gi|ga|bytes
es **gilt** ◁ gelten
er **ging** ◁ gehen
der **Gip|fel**, die Gip|fel
der **Gips**
die **Gi|raf|fe**, die Gi|raf|fen
die **Gir|lan|de**, die Gir|lan|den
die **Gi|tar|re**, die Gi|tar|ren
das **Git|ter**, die Git|ter
der **Glanz**
glän|zen, es glänzt
das **Glas**, die Glä|ser
der **Glas|con|tai|ner**, die Glas|con|tai|ner
die **Gla|sur**, die Gla|su|ren
glatt
die **Glät|te**
die **Glat|ze**, die Glat|zen ❺
der **Glau|be**
glau|ben, du glaubst
gläu|big ❹
gleich
das **Gleich|ge|wicht**, die Gleich|ge|wich|te
gleich|mä|ßig
gleich|zei|tig ❸
das **Gleis**, die Glei|se
glei|ten, du gleitest, sie glitt
der **Glet|scher**, die Glet|scher
das **Glied**, die Glie|der
glie|dern, du gliederst
glimpf|lich
glit|schig
sie **glitt** ◁ gleiten
glit|zern, es glitzert
der **Glo|bus**, die Glo|bus|se – Glo|ben
die **Glo|cke**, die Glo|cken
glot|zen, du glotzt

das **Glück**
glu|ckern, es gluckert
glück|lich
der **Glück|wunsch**,
die Glück|wün|sche
glü|hen, es glüht
die **Glut**, die Glu|ten
die **Gna|de**
gnä|dig
die **Gnoc|chi**
der **Go|ckel**, die Go|ckel
der **Go|kart**, die Go|karts
das **Gold**
gol|den
gol|dig
das **Golf** (Golfspiel)
der **Golf** (z.B. Golf von Mexiko),
die Gol|fe
die **Gon|del**, die Gon|deln
der **Gong**, die Gongs
gön|nen, du gönnst
es **goss** ◁ gießen
der **Gott**, die Göt|ter
die **Göt|tin**, die Göt|tin|nen
das **Grab**, die Grä|ber 6
der **Gra|ben**, die Grä|ben
gra|ben, du gräbst,
er grub
du **gräbst** ◁ graben

der **Grad** (z.B. 3 °Celsius),
die Gra|de
das **Gramm** (z.B. 100 g),
die Gramm
die **Gram|ma|tik**,
die Gram|ma|ti|ken
gran|tig
die **Grape|fruit**, die Grape|fruits
das **Gras**, die Grä|ser 4
gräss|lich
der **Grat** (z.B. der Berggrat),
die Gra|te
die **Grä|te**, die Grä|ten
gra|tis
gra|tu|lie|ren,
du gratulierst 2
grau
der **Gräu|el**, die Gräu|el
grau|en, es graut
grau|en|haft
gräu|lich
grau|sam
sich **grau|sen**,
es graust mir – mich
grau|sig
grei|fen, du greifst, sie griff
der **Greis**, die Grei|se
die **Grei|sin**, die Grei|sin|nen
grell

die **Gren|ze**, die Gren|zen
Grie|chen|land
der **Grieß|brei**, die Grieß|breie
der **Griff**, die Grif|fe
sie **griff** ◁ greifen
der **Grill**, die Grills
die **Gril|le**, die Gril|len
gril|len, du grillst
die **Gri|mas|se**, die Gri|mas|sen
grim|mig
grin|sen, du grinst
die **Grip|pe**
grob, gröber, am gröbsten
grö|ber, am gröbsten ◁ grob
grol|len, du grollst
groß, größer, am größten
Groß|bri|tan|ni|en
die **Grö|ße**, die Grö|ßen 7
die **Groß|el|tern**
grö|ßer, am größten ◁ groß
er **grub** ◁ graben
die **Gru|be**, die Gru|ben
grü|beln, du grübelst
grün
der **Grund**, die Grün|de
grün|den, du gründest
gründ|lich
der **Grund|riss**, die Grund|ris|se
grund|sätz|lich 3

die **Grund|schu|le**,
die Grund|schu|len
grun|zen, du grunzt
die **Grup|pe**, die Grup|pen
sich **gru|seln**, es gruselt mich
der **Gruß**, die Grü|ße 8
grü|ßen, du grüßt
gu|cken, du guckst
die **Gül|le**
gül|tig
der **Gum|mi** – das Gum|mi,
die Gum|mis 5
der **Gum|mi|twist** –
das Gum|mi|twist
güns|tig
gur|geln, du gurgelst
die **Gur|ke**, die Gur|ken 1
gur|ren, sie gurrt
der **Gurt**, die Gur|te
der **Gür|tel**, die Gür|tel
der **Guss**, die Güs|se
gut, besser, am besten
das **Gut**, die Gü|ter
das **Gu|te**
die **Gü|te**
gut|mü|tig
das **Gym|na|si|um**,
die Gym|na|si|en
die **Gym|nas|tik**

A B C D E F G **H** I J K L M N O P Q R S T U V W X Y Z

H

h (Stunde)
das **Haar**, die Haa|re
haa|rig
ha|ben, du hast, er hatte
hab|gie|rig
der **Ha|bicht**, die Ha|bich|te
die **Ha|cke**, die Ha|cken
ha|cken, du hackst
der **Ha|fen**, die Hä|fen
der **Ha|fer**
die **Haft**
der **Häft|ling**, die Häft|lin|ge
haf|ten, du haftest
die **Ha|ge|but|te**, die Ha|ge|but|ten ❶
der **Ha|gel**
ha|geln, es hagelt
der **Hahn**, die Häh|ne
der **Hai**, die Haie
hä|keln, du häkelst
der **Ha|ken**, die Ha|ken
halb ❻
hal|bie|ren, du halbierst
die **Halb|zeit**, die Halb|zei|ten

sie **half** ◁ helfen
die **Hälf|te**, die Hälf|ten
die **Hal|le**, die Hal|len
hal|lo
der **Halm**, die Hal|me
der **Hals**, die Häl|se
halt|ma|chen – Halt ma|chen, du machst halt – du machst Halt
halt|bar
hal|ten, du hältst, sie hielt
du **hältst** ◁ halten
die **Hal|te|stel|le**, die Hal|te|stel|len
die **Hal|tung**, die Hal|tun|gen
Ham|burg
der **Ham|bur|ger**, die Ham|bur|ger
hä|misch
der **Ham|mel**, die Ham|mel
der **Ham|mer**, die Häm|mer
häm|mern, du hämmerst
ham|peln, du hampelst
der **Hams|ter**, die Hams|ter
die **Hand**, die Hän|de ❻
der **Han|del**
han|deln, du handelst
der **Händ|ler**, die Händ|ler

die **Händ|le|rin**,
die Händ|le|rin|nen
die **Hand|lung**, die Hand|lun|gen
die **Hand|schrift**,
die Hand|schrif|ten
der **Hand|wer|ker**,
die Hand|wer|ker
die **Hand|wer|ke|rin**,
die Hand|wer|ke|rin|nen
das **Han|dy**, die Han|dys
der **Hang**, die Hän|ge
hän|gen, du hängst,
er hing – hängte
hän|seln, du hänselst
der **Hap|pen**, die Hap|pen
hap|py
das **Hap|py End** – Hap|py|end,
die Hap|py Ends –
Hap|py|ends
die **Hard|ware**, die Hard|wares
die **Har|ke**, die Har|ken
harm|los
die **Har|pu|ne**, die Har|pu|nen
hart, härter, am härtesten
här|ter, am härtesten
◁ hart
hart|nä|ckig
das **Harz**, die Har|ze
der **Ha|se**, die Ha|sen

die **Ha|sel|nuss**,
die Ha|sel|nüs|se
der **Hass**
has|sen, du hasst
häss|lich
du **hast** ◁ haben
has|tig 6
er **hat** ◁ haben
er **hat|te** ◁ haben
hau|chen, du hauchst
hau|en, du haust
der **Hau|fen**, die Hau|fen
häu|fig
das **Haupt**, die Häup|ter
der **Häupt|ling**,
die Häupt|lin|ge 4
die **Haupt|sa|che**,
die Haupt|sa|chen
die **Haupt|schu|le**,
die Haupt|schu|len
das **Haus**, die Häu|ser
nach **Hau|se** – nach|hau|se
zu **Hau|se** – zu|hau|se
der **Haus|halt**, die Haus|hal|te
die **Haut**, die Häu|te
die **Ha|xe**, die Ha|xen
die **Heb|am|me**,
die Heb|am|men
der **He|bel**, die He|bel

he|ben, du hebst, sie hob
der **Hecht**, die Hech|te
die **He|cke**, die He|cken
das **Heer**, die Hee|re
die **He|fe**, die He|fen
das **Heft**, die Hef|te
hef|tig
die **Hei|de**, die Hei|den
die **Hei|del|bee|re**, die Hei|del|bee|ren
heil
hei|len, es heilt
hei|lig 6
der **Hei|lig|abend** – Hei|li|ger Abend
Hei|li|ge Drei Kö|ni|ge
heim
das **Heim**, die Hei|me
die **Hei|mat**, die Hei|ma|ten
heim|lich
das **Heim|weh**
hei|ra|ten, du heiratest
hei|ser
heiß
hei|ßen, du heißt, er hieß
hei|ter
hei|zen, du heizt
die **Hei|zung**, die Hei|zun|gen
der **Held**, die Hel|den
die **Hel|din**, die Hel|din|nen
hel|fen, du hilfst, sie half
hell
die **Hel|lig|keit**
der **Helm**, die Hel|me
das **Hemd**, die Hem|den 6
die **Hem|mung**, die Hem|mun|gen
der **Hengst**, die Hengs|te
der **Hen|kel**, die Hen|kel
die **Hen|ne**, die Hen|nen
her
he|rab
he|rauf
he|raus
her|bei
die **Her|ber|ge**, die Her|ber|gen
der **Herbst**, die Herbs|te
der **Herd**, die Her|de
die **Her|de**, die Her|den
he|rein
der **He|ring**, die He|rin|ge
der **Herr**, die Her|ren
die **Her|rin**, die Her|rin|nen
herr|lich
herr|schen, du herrschst
her|stel|len, du stellst her
he|rü|ber
he|rum

he|run|ter
her|vor
her|vor|ra|gend
das **Herz**, die Her|zen
herz|lich
Hes|sen
die **Het|ze**
het|zen, du hetzt
das **Heu**
heu|cheln, du heuchelst
heu|len, du heulst
die **Heu|schre|cke**, die Heu|schre|cken
heu|te
die **He|xe**, die He|xen
sie **hielt** ◁ halten
hier
hier|her
die **Hie|ro|gly|phe**, die Hie|ro|gly|phen
er **hieß** ◁ heißen
die **Hil|fe**, die Hil|fen
hilf|los
hilfs|be|reit
du **hilfst** ◁ helfen
die **Him|bee|re**, die Him|bee|ren
der **Him|mel**, die Him|mel (5)
himm|lisch
hin
hi|nab
hi|nauf
hi|naus
das **Hin|der|nis**, die Hin|der|nis|se
hi|nein
er **hing** ◁ hängen
hin|ken, du hinkst
hin|ten
hin|ter
hin|ter|ei|nan|der
der **Hin|ter|grund**, die Hin|ter|grün|de
hin|ter|her
hin|ter|lis|tig
der **Hin|tern**, die Hin|tern
hin|ter|rücks
hi|nü|ber
hi|nun|ter
der **Hin|weis**, die Hin|wei|se
der **Hip-Hop** – Hip|hop
das **Hirn**, die Hir|ne
der **Hirsch**, die Hir|sche
der **Hit**, die Hits
die **Hit|ze**
hit|ze|frei
sie **hob** ◁ heben
das **Hob|by**, die Hob|bys
der **Ho|bel**, die Ho|bel

A B C D E F G H I J K L M N O P Q R S T U V W X Y Z

hoch, höher, am höchsten
höchs|tens
die **Hoch|zeit**, die Hoch|zei|ten
die **Ho|cke**, die Ho|cken
ho|cken, du hockst
das **Ho|ckey**
der **Ho|den**, die Ho|den
der **Hof**, die Hö|fe
hof|fen, du hoffst
hof|fent|lich
die **Hoff|nung**, die Hoff|nun|gen
höf|lich
die **Höf|lich|keit**, die Höf|lich|kei|ten
die **Hö|he**, die Hö|hen
hö|her, am höchsten ◁ hoch
hohl
die **Höh|le**, die Höh|len
höh|nisch
der **Ho|kus|po|kus**
ho|len, du holst
Hol|land
die **Höl|le**, die Höl|len
höl|lisch
hol|pe|rig – holp|rig
das **Holz**, die Höl|zer
die **Home|page**, die Home|pa|ges
der **Ho|nig**, die Ho|ni|ge
hopp
hop|peln, du hoppelst
hopp|la
hop|sen, du hopst
hör|bar
hor|chen, du horchst
hö|ren, du hörst
der **Ho|ri|zont**, die Ho|ri|zon|te ❶
das **Horn**, die Hör|ner
das **Hörn|chen**, die Hörn|chen
die **Hor|nis|se**, die Hor|nis|sen
das **Ho|ros|kop**, die Ho|ros|ko|pe ❶
der **Hort**, die Hor|te
die **Ho|se**, die Ho|sen
das **Hos|pi|tal**, die Hos|pi|tä|ler
die **Hos|tie**, die Hos|ti|en ❶
der **Hot|dog** – Hot Dog, die Hot|dogs – Hot Dogs
das **Ho|tel**, die Ho|tels
die **Hot|line**, die Hot|lines
hübsch
der **Hub|schrau|ber**, die Hub|schrau|ber
hu|cke|pack
der **Huf**, die Hu|fe
die **Hüf|te**, die Hüf|ten
der **Hü|gel**, die Hü|gel

hü|ge|lig – hüg|lig
das **Huhn**, die Hüh|ner
die **Hül|le**, die Hül|len
die **Hum|mel**, die Hum|meln 5
der **Hu|mor**
hum|peln, du humpelst
der **Hund**, die Hun|de
hun|dert
der **Hun|ger**
hung|rig
die **Hu|pe**, die Hu|pen
hu|pen, du hupst
hüp|fen, du hüpfst
die **Hür|de**, die Hür|den
hur|ra
hu|schen, du huschst
der **Hus|ten**
hus|ten, du hustest
der **Hut**, die Hü|te
hü|ten, du hütest
die **Hüt|te**, die Hüt|ten
die **Hya|zin|the**, die Hya|zin|then 8
der **Hyd|rant**, die Hyd|ran|ten
die **Hy|gie|ne**
hy|gie|nisch

I

der **IC** (Intercity), die ICs
der **ICE** (Intercityexpress), die ICEs
ich
ide|al
die **Idee**, die Ide|en 8
der **Idi|ot**, die Idio|ten
die **Idio|tin**, die Idio|tin|nen
der **Igel**, die Igel
das **Ig|lu**, die Ig|lus
ihm
ihn
ih|nen
ihr
ih|re
im
der **Im|biss**, die Im|bis|se
der **Im|ker**, die Im|ker

die **Im|ke|rin**, die Im|ke|rin|nen
im|mer
der **Im|pe|ra|tiv**
imp|fen, du wirst geimpft
die **Imp|fung**, die Imp|fun|gen
im|po|nie|ren,
du imponierst
in
in|dem
in|des|sen
der **In|dia|ner**, die In|dia|ner 2
die **In|dia|ne|rin**,
die In|dia|ne|rin|nen
die **In|dus|trie**, die In|dus|tri|en
in|ei|nan|der
die **In|fek|ti|on**,
die In|fek|tio|nen
der **In|fi|ni|tiv**, die In|fi|ni|ti|ve
die **In|for|ma|ti|on**,
die In|for|ma|tio|nen
in|for|mie|ren, du informierst
der **In|ge|ni|eur**,
die In|ge|ni|eu|re
die **In|ge|ni|eu|rin**,
die In|ge|ni|eu|rin|nen
der **In|ha|ber**, die In|ha|ber
die **In|ha|be|rin**,
die In|ha|be|rin|nen 1
der **In|halt**, die In|hal|te
das **In|halts|ver|zeich|nis**,
die In|halts|ver|zeich|nis|se
der **In|li|ner**, die In|li|ner
in|nen
in|ner|halb
ins
das **In|sekt**, die In|sek|ten
die **In|sel**, die In|seln
das **In|se|rat**, die In|se|ra|te
ins|ge|samt
ins|tal|lie|ren, du installierst
der **Ins|tinkt**, die Ins|tink|te
das **Ins|ti|tut**, die Ins|ti|tu|te
das **Inst|ru|ment**,
die Inst|ru|men|te
in|tel|li|gent
die **In|tel|li|genz**
in|ten|siv
in|te|res|sant
das **In|te|res|se**,
die In|te|res|sen
sich **in|te|res|sie|ren**,
du interessierst dich
das **In|ter|nat**, die In|ter|na|te
in|ter|na|tio|nal
das **In|ter|net**
das **In|ter|view**, die In|ter|views
in|ter|vie|wen,
du interviewst

die **Inu|it**
der **Inuk**, die Inu|it
in|zwi|schen
ir|gend|et|was
ir|gend|wann
ir|gend|wie
ir|gend|wo
Ir|land
ir|ren, du irrst
der **Irr|tum**, die Irr|tü|mer
der **Is|lam**
is|la|misch
iso|lie|ren, du isolierst
du **isst** ◁ essen
es **ist**, es war ◁ sein
Ita|li|en ❶

J

ja
die **Jacht** – Yacht,
die Jach|ten – Yach|ten
die **Ja|cke**, die Ja|cken
der **Jack|pot**, die Jack|pots
die **Jagd**, die Jag|den
ja|gen, du jagst
der **Ja|gu|ar**, die Ja|gu|are ❶
das **Jahr**, die Jah|re
das **Jahr|hun|dert**,
die Jahr|hun|der|te
jähr|lich
jäh|zor|nig
die **Ja|lou|sie**, die Ja|lou|si|en
jäm|mer|lich
jam|mern, du jammerst
der **Ja|nu|ar**
jap|sen, du japst
der **Jas|min**
jä|ten, du jätest
die **Jau|che**, die Jau|chen
jauch|zen, du jauchzt
jau|len, er jault
ja|wohl
der **Jazz**
je
die **Jeans**, die Jeans
je|de

je|der
je|des
je|den|falls
je|doch
der **Jeep**, die Jeeps
je|mals
je|mand
je|ne
je|ner
je|nes
jen|seits
Je|sus
der **Jet**, die Jets
jetzt
je|weils
der **Job**, die Jobs
job|ben, du jobbst
das **Jod**
jo|deln, du jodelst
das **Jo|ga** – der Jo|ga – Yo|ga
jog|gen, du joggst
das **Jog|ging**
der **Jo|ghurt** – das Jo|ghurt – Jo|gurt, die Jo|ghurts – Jo|gurts
die **Jo|han|nis|bee|re**, die Jo|han|nis|bee|ren 2
joh|len, du johlst

das **Jo-Jo** – Yo-Yo, die Jo-Jos – Yo-Yos
der **Jo|ker**, die Jo|ker
Jom Kip|pur
jong|lie|ren, du jonglierst
der **Jour|na|list**, die Jour|na|lis|ten
die **Jour|na|lis|tin**, die Jou|na|lis|tin|nen
der **Joy|stick**, die Joy|sticks
ju|beln, du jubelst
das **Ju|bi|lä|um**, die Ju|bi|lä|en 1
juch|zen, du juchzt
ju|cken, es juckt
der **Ju|de**, die Ju|den
die **Jü|din**, die Jü|din|nen
das **Ju|do**
die **Ju|gend**
die **Ju|gend|her|ber|ge**, die Ju|gend|her|ber|gen
ju|gend|lich
ju|hu
der **Ju|li**
der **Jum|bo**, die Jum|bos
jung, jünger, am jüngsten
das **Jun|ge** (Tierkind), die Jun|gen

der **Jun|ge** (männliches Kind),
die Jun|gen
jün|ger, am jüngsten ◁ jung
der **Ju|ni**

der **Ju|pi|ter**
die **Ju|ry**, die Ju|rys
das **Ju|wel**, die Ju|we|len
der **Jux**, die Ju|xe (8)

K

das **Ka|bel**, die Ka|bel
die **Ka|bi|ne**, die Ka|bi|nen
die **Ka|chel**, die Ka|cheln
der **Kä|fer**, die Kä|fer
der **Kaf|fee**
der **Kä|fig**, die Kä|fi|ge
kahl
der **Kahn**, die Kä|hne
der **Kai** – Quai, die Kais – Quals
der **Kai|ser**, die Kai|ser
die **Kai|se|rin**,
die Kai|se|rin|nen
der **Ka|jak** – das Ka|jak,
die Ka|jaks
der **Ka|ka|du**, die Ka|ka|dus
der **Ka|kao**
der **Kak|tus**, die Kak|te|en
das **Kalb**, die Käl|ber

der **Ka|len|der**, die Ka|len|der
der **Kalk**
die **Ka|lo|rie**, die Ka|lo|ri|en
kalt, kälter, am kältesten
die **Käl|te** (4)
käl|ter, am kältesten ◁ kalt
er **kam** ◁ kommen
das **Ka|mel**, die Ka|me|le
die **Ka|me|ra**, die Ka|me|ras (1)
der **Ka|me|rad**,
die Ka|me|ra|den
die **Ka|me|ra|din**,
die Ka|me|ra|din|nen
die **Ka|mil|le**, die Ka|mil|len
der **Ka|min**, die Ka|mi|ne
der **Kamm**, die Käm|me
käm|men, du kämmst
die **Kam|mer**, die Kam|mern

A B C D E F G H I J K L M N O P Q R S T U V W X Y Z

der **Kampf**, die Kämp|fe
kämp|fen, du kämpfst
der **Ka|nal**, die Ka|nä|le
der **Ka|na|ri|en|vo|gel**, die Ka|na|ri|en|vö|gel (1)
der **Kan|di|dat**, die Kan|di|da|ten
die **Kan|di|da|tin**, die Kan|di|da|tin|nen
das **Kän|gu|ru**, die Kän|gu|rus
das **Ka|nin|chen**, die Ka|nin|chen
der **Ka|nis|ter**, die Ka|nis|ter
er **kann** ◁ können
die **Kan|ne**, die Kan|nen
du **kannst** ◁ können
sie **kann|te** ◁ kennen
der **Ka|non**, die Ka|nons
die **Ka|no|ne**, die Ka|no|nen
die **Kan|te**, die Kan|ten
kan|tig
die **Kan|ti|ne**, die Kan|ti|nen
das **Ka|nu**, die Ka|nus
die **Kan|zel**, die Kan|zeln
der **Kanz|ler**, die Kanz|ler
die **Kanz|le|rin**, die Kanz|le|rin|nen
die **Ka|pel|le**, die Ka|pel|len
ka|pie|ren, du kapierst
der **Ka|pi|tän**, die Ka|pi|tä|ne
die **Ka|pi|tä|nin**, die Ka|pi|tä|nin|nen
das **Ka|pi|tel**, die Ka|pi|tel
die **Kap|pe**, die Kap|pen
die **Kap|sel**, die Kap|seln
ka|putt
die **Ka|pu|ze**, die Ka|pu|zen
das **Ka|ra|te**
die **Ka|ra|wa|ne**, die Ka|ra|wa|nen
der **Kar|di|nal**, die Kar|di|nä|le
der **Kar|frei|tag**
ka|riert
die **Ka|ri|es**
der **Kar|ne|val**
das **Kar|ni|ckel**, die Kar|ni|ckel
das **Ka|ro**, die Ka|ros
die **Ka|rot|te**, die Ka|rot|ten (5)
der **Karp|fen**, die Karp|fen
die **Kar|re**, die Kar|ren
die **Kar|te**, die Kar|ten
die **Kar|tei**, die Kar|tei|en
die **Kar|tof|fel**, die Kar|tof|feln
der **Kar|ton**, die Kar|tons
das **Ka|rus|sell**, die Ka|rus|sells
der **Kä|se**
die **Ka|ser|ne**, die Ka|ser|nen
die **Kas|se**, die Kas|sen

kas|sie|ren, du kassierst
die **Kas|ta|nie**, die Kas|ta|ni|en
der **Kas|ten**, die Käs|ten
der **Ka|ta|log**, die Ka|ta|lo|ge
die **Ka|tast|ro|phe**, die Ka|tast|ro|phen (2)
ka|tast|ro|phal
der **Ka|ter**, die Ka|ter
ka|tho|lisch
die **Kat|ze**, die Kat|zen
kau|en, du kaust
kau|ern, du kauerst
kau|fen, du kaufst
der **Käu|fer**, die Käu|fer
die **Käu|fe|rin**, die Käu|fe|rin|nen
der **Kau|gum|mi** – das Kau|gum|mi, die Kau|gum|mis
die **Kaul|quap|pe**, die Kaul|quap|pen
kaum
der **Kauz**, die Käu|ze
KB (Kilobyte)
der **Ke|bab**, die Ke|babs
der **Ke|gel**, die Ke|gel
ke|geln, du kegelst
die **Keh|le**, die Keh|len
keh|ren, du kehrst

kei|fen, du keifst
der **Keil**, die Kei|le
der **Keim**, die Kei|me
kei|men, es keimt
kein
kei|ne
kei|ner
kei|nes
kei|nes|falls
kei|nes|wegs
der **Keks** – das Keks, die Kek|se (8)
der **Kelch**, die Kel|che
die **Kel|le**, die Kel|len
der **Kel|ler**, die Kel|ler
ken|nen, du kennst, sie kannte
kenn|zeich|nen, du kennzeichnest
die **Ker|be**, die Ker|ben
der **Kerl**, die Ker|le
der **Kern**, die Ker|ne
das **Kern|kraft|werk**, die Kern|kraft|wer|ke
die **Ker|ze**, die Ker|zen
der **Kes|sel**, die Kes|sel
der **Ket|chup** – das Ket|chup – Ket|schup, die Ket|chups – Ket|schups

die **Ket|te**, die Ket|ten
keu|chen, du keuchst
die **Keu|le**, die Keu|len
das **Key|board**, die Key|boards
Kfz (Kraftfahrzeug)
kg (Kilogramm)
ki|chern, du kicherst
das **Kid**, die Kids
der **Kie|fer** (z.B. Unterkiefer), die Kie|fer
die **Kie|fer** (Nadelbaumart), die Kie|fern
der **Kiel**, die Kie|le
die **Kie|me**, die Kie|men
der **Kies**
der **Kie|sel**, die Kie|sel
das **Ki|lo|byte** (z.B. 2 KB), die Ki|lo|byte – Ki|lo|bytes
das **Ki|lo|gramm** (z.B. 2 kg), die Ki|lo|gramm
der **Ki|lo|me|ter** (z.B. 50 km), die Ki|lo|me|ter
das **Kind**, die Kin|der
kind|lich
das **Kinn**, die Kin|ne
das **Ki|no**, die Ki|nos
der **Ki|osk**, die Ki|os|ke
kip|pen, du kippst
die **Kir|che**, die Kir|chen 1
die **Kir|mes**
die **Kir|sche**, die Kir|schen
das **Kis|sen**, die Kis|sen 5
die **Kis|te**, die Kis|ten
die **Ki|ta**, die Ki|tas
kit|schig
der **Kitt**
der **Kit|tel**, die Kit|tel
kit|ze|lig – kitz|lig
kit|zeln, du kitzelst
die **Ki|wi**, die Ki|wis
kläf|fen, er kläfft
die **Kla|ge**, die Kla|gen
kla|gen, du klagst
die **Klam|mer**, die Klam|mern
klam|mern, du klammerst
die **Kla|mot|te**, die Kla|mot|ten
der **Klang**, die Klän|ge
es **klang** ◁ klingen
die **Klap|pe**, die Klap|pen
klap|pen, es klappt
klap|pern, es klappert
der **Klaps**, die Klap|se
klar
die **Klär|an|la|ge**, die Klär|an|la|gen
klä|ren, du klärst
die **Kla|ri|net|te**, die Kla|ri|net|ten

die **Klas|se**, die Klas|sen
klat|schen, du klatschst
die **Klaue**, die Klau|en
klau|en, du klaust
das **Kla|vier**, die Kla|vie|re
kle|ben, du klebst
kleb|rig 6
der **Kleb|stoff**, die Kleb|stof|fe
kle|ckern, du kleckerst
der **Klecks**, die Kle|ckse
kleck|sen, du kleckst
der **Klee**, die Klees
das **Kleid**, die Klei|der
die **Klei|dung**
klein
die **Klei|nig|keit**,
die Klei|nig|kei|ten
klein|lich
der **Kleis|ter**, die Kleis|ter
klem|men, es klemmt
der **Klemp|ner**, die Klemp|ner
die **Klemp|ne|rin**,
die Klemp|ne|rin|nen
die **Klet|te**, die Klet|ten
der **Klett|ver|schluss**,
die Klett|ver|schlüs|se
klet|tern, du kletterst
das **Kli|ma**,
die Kli|ma|ta – Kli|mas

der **Klimm|zug**, die Klimm|zü|ge
klim|pern, du klimperst
die **Klin|ge**, die Klin|gen
die **Klin|gel**, die Klin|geln
klin|geln, du klingelst
klin|gen, es klingt, es klang
die **Kli|nik**, die Kli|ni|ken
die **Klip|pe**, die Klip|pen
klir|ren, es klirrt
das **Klo**, die Klos
klop|fen, du klopfst
der **Klops**, die Klop|se
der **Kloß**, die Klö|ße
das **Klos|ter**, die Klös|ter
der **Klotz**, die Klöt|ze
der **Klub** – Club,
die Klubs – Clubs
klug, klüger, am klügsten
klü|ger, am klügsten ◁ klug
die **Klug|heit**
der **Klum|pen**, die Klum|pen
km (Kilometer)
knab|bern, du knabberst
der **Kna|be**, die Kna|ben
das **Knä|cke|brot**,
die Knä|cke|bro|te 2
kna|cken, du knackst
der **Knall**, die Knal|le
knal|len, es knallt

knapp
knar|ren, es knarrt
knat|tern, es knattert
das **Knäu|el** – der Knäu|el, die Knäu|el
knau|se|rig – knaus|rig
knau|sern, du knauserst 6
der **Kne|bel**, die Kne|bel
der **Knecht**, die Knech|te
knei|fen, du kneifst, er kniff
die **Knei|pe**, die Knei|pen
kne|ten, du knetest
kni|cken, du knickst
das **Knie**, die Knie
der **Kniff**, die Knif|fe
er **kniff** ◁ kneifen
knif|fe|lig – kniff|lig
knip|sen, du knipst
der **Knirps**, die Knirp|se
knir|schen, es knirscht
knis|tern, es knistert
knit|tern, es knittert
kno|beln, du knobelst
der **Knob|lauch**
der **Knö|chel**, die Knö|chel
der **Kno|chen**, die Kno|chen
der **Knö|del**, die Knö|del
die **Knol|le**, die Knol|len
der **Knopf**, die Knöp|fe
knöp|fen, du knöpfst
der **Knor|pel**, die Knor|pel
knor|rig
die **Knos|pe**, die Knos|pen
der **Kno|ten**, die Kno|ten
kno|ten, du knotest
knül|len, du knüllst
knüp|fen, du knüpfst
der **Knüp|pel**, die Knüp|pel
knur|ren, du knurrst
knus|pe|rig – knusp|rig
knut|schen, du knutschst
der **Koa|la**, die Koa|las
k. o.
der **Ko|bold**, die Ko|bol|de
die **Kob|ra**, die Kob|ras
der **Koch**, die Kö|che
die **Kö|chin**, die Kö|chin|nen
ko|chen, du kochst
der **Kode** – Code, die Kodes – Codes
der **Kö|der**, die Kö|der
kö|dern, du köderst
der **Kof|fer**, die Kof|fer 5
der **Kohl**, die Koh|le
die **Koh|le**, die Koh|len
die **Koh|len|säu|re**
die **Ko|kos|nuss**, die Ko|kos|nüs|se

der **Kol|ben**, die Kol|ben
der **Kol|le|ge**, die Kol|le|gen
die **Kol|le|gin**,
die Kol|le|gin|nen
die **Ko|lon|ne**, die Ko|lon|nen
das **Ko|ma**,
die Ko|mas – Ko|ma|ta
der **Kom|bi**, die Kom|bis
kom|bi|nie|ren,
du kombinierst
der **Ko|met**, die Ko|me|ten
kom|for|ta|bel
ko|misch 1
das **Kom|ma**,
die Kom|mas – Kom|ma|ta
das **Kom|man|do**,
die Kom|man|dos
kom|man|die|ren,
du kommandierst 5
kom|men, du kommst,
er kam
der **Kom|men|tar**,
die Kom|men|ta|re
der **Kom|mis|sar**,
die Kom|mis|sa|re
die **Kom|mis|sa|rin**,
die Kom|mis|sa|rin|nen
die **Kom|mo|de**,
die Kom|mo|den

die **Kom|mu|ni|on**,
die Kom|mu|nio|nen
kom|mu|ni|zie|ren,
du kommunizierst
die **Ko|mö|die**, die Ko|mö|di|en
der **Kom|pass**, die Kom|pas|se
kom|plett
das **Kom|pli|ment**,
die Kom|pli|men|te
kom|pli|ziert
der **Kom|po|nist**,
die Kom|po|nis|ten
die **Kom|po|nis|tin**,
die Kom|po|nis|tin|nen
der **Kom|post**, die Kom|pos|te
das **Kom|pott**, die Kom|pot|te
die **Kom|pres|se**,
die Kom|pres|sen
der **Kom|pro|miss**,
die Kom|pro|mis|se
die **Kon|di|ti|on**,
die Kon|di|tio|nen
die **Kon|di|to|rei**,
die Kon|di|to|rei|en
die **Kon|fe|renz**,
die Kon|fe|ren|zen
die **Kon|fes|si|on**,
die Kon|fes|sio|nen
das **Kon|fet|ti**, die Kon|fet|ti

die **Kon|fir|ma|ti|on**,
die Kon|fir|ma|tio|nen
die **Kon|fi|tü|re**,
die Kon|fi|tü|ren
der **Kon|flikt**, die Kon|flik|te
der **Kö|nig**, die Kö|ni|ge
die **Kö|ni|gin**, die Kö|ni|gin|nen
die **Kon|kur|renz**,
die Kon|kur|ren|zen
kön|nen, du kannst,
er konnte
er **konn|te** ◁ können
der **Kon|rek|tor**,
die Kon|rek|to|ren
die **Kon|rek|to|rin**,
die Kon|rek|to|rin|nen
die **Kon|ser|ve**, die Kon|ser|ven
der **Kon|so|nant**,
die Kon|so|nan|ten
die **Kons|truk|ti|on**,
die Kons|truk|tio|nen
kons|tru|ie|ren,
du konstruierst
der **Kon|sum**
der **Kon|takt**, die Kon|tak|te
der **Kon|ti|nent**,
die Kon|ti|nen|te
das **Kon|to**, die Kon|ten
kont|ra

der **Kont|rast**, die Kont|ras|te
die **Kont|rol|le**, die Kont|rol|len
kont|rol|lie|ren,
du kontrollierst 2
die **Kon|zen|tra|ti|on**
sich **kon|zen|trie|ren**,
du konzentrierst dich
das **Kon|zert**, die Kon|zer|te
der **Kopf**, die Köp|fe
die **Ko|pie**, die Ko|pi|en
ko|pie|ren, du kopierst
der **Ko|pie|rer**, die Ko|pie|rer
die **Kop|pel**, die Kop|peln
der **Ko|ran**, die Ko|ra|ne
der **Korb**, die Kör|be
die **Kor|del**, die Kor|deln
der **Kor|ken**, die Kor|ken
das **Korn**, die Kör|ner
der **Kör|per**, die Kör|per
kor|rekt
die **Kor|rek|tur**,
die Kor|rek|tu|ren
kor|ri|gie|ren, du korrigierst
die **Kos|me|tik**
der **Kos|mos**
die **Kost**
kost|bar 3
kos|ten, du kostest
kos|ten, es kostet

köst|lich

das **Kos|tüm**, die Kos|tü|me

der **Kot**

das **Ko|te|lett**, die Ko|te|letts

der **Kö|ter**, die Kö|ter

kot|zen, du kotzt

die **Krab|be**, die Krab|ben

krab|beln, du krabbelst

der **Krach**, die Krä|che

kra|chen, es kracht

kräch|zen, du krächzt

die **Kraft**, die Kräf|te

kräf|tig

das **Kraft|fahr|zeug** (Kfz), die Kraft|fahr|zeu|ge

der **Kra|gen**, die Kra|gen – Krä|gen

die **Krä|he**, die Krä|hen

krä|hen, du krähst

dic **Kra|ke** – der Kra|ke, die Kra|ken

kra|keln, du krakelst

kra|ke|lig – krak|lig

die **Kral|le**, die Kral|len

kra|men, du kramst

der **Krampf**, die Krämp|fe

der **Kran**, die Krä|ne

der **Kra|nich**, die Kra|ni|che

krank, kränker, am kränksten

krän|ken, du kränkst 4

krän|ker, am kränksten ◁ krank

die **Krank|heit**, die Krank|hei|ten

der **Kranz**, die Krän|ze

krass

der **Kra|ter**, die Kra|ter

krat|zen, du kratzt

krau|len, du kraulst

kraus

das **Kraut**, die Kräu|ter

der **Kra|wall**, die Kra|wal|le

die **Kra|wat|te**, die Kra|wat|ten

kra|xeln, du kraxelst 8

krea|tiv

der **Krebs**, die Kreb|se

der **Kre|dit**, die Kre|di|te

die **Krei|de**, die Krei|den

krei|de|bleich

der **Kreis**, die Krei|se

krei|schen, du kreischst

der **Krei|sel**, die Krei|sel

krei|sen, du kreist

das **Krepp|pa|pier**

die **Kres|se**

das **Kreuz**, die Kreu|ze

die **Kreu|zung**, die Kreu|zun|gen

krib|beln, es kribbelt

krie|chen, du kriechst, er kroch
der **Krieg**, die Krie|ge
krie|gen, du kriegst
der **Kri|mi**, die Kri|mis
die **Kri|mi|nal|po|li|zei**
kri|mi|nell
der **Krin|gel**, die Krin|gel
die **Krip|pe**, die Krip|pen
die **Kri|se**, die Kri|sen
die **Kri|tik**, die Kri|ti|ken
kri|ti|sie|ren, du kritisierst
krit|zeln, du kritzelst
Kroa|ti|en
er **kroch** ◁ kriechen
das **Kro|ko|dil**, die Kro|ko|di|le
der **Kro|kus**, die Kro|kus|se
die **Kro|ne**, die Kro|nen
die **Krö|te**, die Krö|ten
die **Krü|cke**, die Krü|cken
der **Krug**, die Krü|ge
der **Krü|mel**, die Krü|mel
krumm
sich **krüm|men**, du krümmst dich
die **Krus|te**, die Krus|ten
der **Kü|bel**, die Kü|bel
die **Kü|che**, die Kü|chen
der **Ku|chen**, die Ku|chen
der **Ku|ckuck**, die Ku|cku|cke
die **Ku|fe**, die Ku|fen
die **Ku|gel**, die Ku|geln
die **Kuh**, die Kü|he
kühl
küh|len, es kühlt
kühn
das **Kü|ken**, die Kü|ken
die **Ku|lis|se**, die Ku|lis|sen
kul|lern, du kullerst 5
die **Kul|tur**, die Kul|tu|ren
der **Küm|mel**
der **Kum|mer**
sich **küm|mern**, du kümmerst dich
der **Kum|pel**, die Kum|pel
der **Kun|de**, die Kun|den
kün|di|gen, du kündigst
die **Kun|din**, die Kun|din|nen
künf|tig
die **Kunst**, die Küns|te
der **Künst|ler**, die Künst|ler
die **Künst|le|rin**, die Künst|le|rin|nen
künst|lich 3
kun|ter|bunt
das **Kup|fer**
die **Kup|pe**, die Kup|pen
die **Kur**, die Ku|ren
die **Kür**, die Kü|ren

die **Kur|bel**, die Kur|beln
kur|beln, du kurbelst
der **Kür|bis**, die Kür|bis|se
der **Kurs**, die Kur|se
die **Kur|ve**, die Kur|ven
kurz, kürzer, am kürzesten
kurz|är|me|lig – kurz|ärm|lig
kür|zen, du kürzt
kür|zer, am kürzesten ◁ kurz
kürz|lich
kurz|sich|tig
ku|scheln, du kuschelst
der **Kuss**, die Küs|se
küs|sen, du küsst
die **Küs|te**, die Küs|ten
die **Kut|sche**, die Kut|schen
der **Kut|ter**, die Kut|ter

L

l (Liter)
das **La|bor**, die La|bors – La|bo|re
das **La|by|rinth**, die La|by|rin|the (8)
lä|cheln, du lächelst
la|chen, du lachst
lä|cher|lich
der **Lachs**, die Lach|se
der **Lack**, die La|cke
la|ckie|ren, du lackierst
der **La|den**, die Lä|den
la|den, du lädst, er lud
du **lädst** ◁ laden
die **La|dung**, die La|dun|gen
sie **lag** ◁ liegen
das **La|ger**, die La|ger
lahm
die **Läh|mung**, die Läh|mun|gen
der **Laib** (z.B. Brotlaib), die Lai|be
der **Laich**, die Lai|che
der **Laie**, die Lai|en
das **La|ken**, die La|ken
die **Lak|rit|ze**, die La|krit|zen (2)
lal|len, du lallst

das **La|met|ta**
das **Lamm**, die Läm|mer
die **Lam|pe**, die Lam|pen
der **Lam|pi|on**, die Lam|pi|ons
das **Land**, die Län|der
lan|den, du landest
die **Land|schaft**, die Land|schaf|ten
die **Lan|dung**, die Lan|dun|gen
die **Land|wirt|schaft**, die Land|wirt|schaf|ten
lang, länger, am längsten
lang|är|me|lig – lang|ärm|lig
die **Län|ge**, die Län|gen
lan|gen, es langt
län|ger, am längsten ◁ lang
die **Lan|ge|wei|le**
läng|lich ❸
lang|sam
längst
lang|wei|lig ❻
der **Lap|pen**, die Lap|pen
der **Lap|top**, die Lap|tops
die **Lär|che** (Nadelbaum), die Lär|chen
der **Lärm**
lär|men, du lärmst
die **Lar|ve**, die Lar|ven

er **las** ◁ lesen
der **La|ser**
las|sen, du lässt, sie ließ
das **Las|so**, die Las|sos
du **lässt** ◁ lassen
der **Las|ter**, die Las|ter
der **Last|wa|gen**, die Last|wa|gen
läs|tern, du lästerst
läs|tig
das **La|tein**
die **La|ter|ne**, die La|ter|nen
die **Lat|te**, die Lat|ten
das **Laub**
die **Lauch**, die Lau|che
lau|ern, du lauerst
der **Lauf**, die Läu|fe
lau|fen, du läufst, sie lief
der **Läu|fer**, die Läu|fer
die **Läu|fe|rin**, die Läu|fe|rin|nen
du **läufst** ◁ laufen
die **Lau|ne**, die Lau|nen
lau|nisch
die **Laus**, die Läu|se
lau|schen, du lauschst
laut
der **Laut**, die Lau|te
läu|ten, du läutest
lau|warm

die **La|va**
der **La|ven|del**, die La|ven|del
die **La|wi|ne**, die La|wi|nen
le|ben, du lebst
das **Le|ben**, die Le|ben
le|ben|dig
die **Le|ber**, die Le|bern
leb|haft
der **Leb|ku|chen**, die Leb|ku|chen
das **Leck**, die Lecks
le|cken, du leckst
le|cker
das **Le|der**, die Le|der
le|dig
leer
lee|ren, du leerst
le|gen, du legst
die **Le|gen|de**, die Le|gen|den
der **Lehm**, die Leh|me
die **Leh|ne**, die Leh|nen
sich **leh|nen**, du lehnst dich
die **Leh|re**, die Leh|ren
leh|ren, du lehrst 4
der **Leh|rer**, die Leh|rer
die **Leh|re|rin**, die Leh|re|rin|nen
der **Leib** (Körper), die Lei|ber
die **Lei|che**, die Lei|chen
leicht
die **Leicht|ath|le|tik**
der **Leicht|sinn**
leicht|sin|nig
lei|den, du leidest, er litt
die **Lei|den|schaft**, die Lei|den|schaf|ten
lei|den|schaft|lich
lei|der
leid|tun, du tust mir leid
lei|hen, du leihst, er lieh
der **Leim**, die Lei|me
die **Lei|ne**, die Lei|nen
lei|se
die **Leis|te**, die Leis|ten
leis|ten, du leistest
die **Leis|tung**, die Leis|tun|gen
lei|ten, du leitest
die **Lei|ter**, die Lei|tern
der **Lei|ter**, die Lei|ter
die **Lei|ter|in**, die Lei|te|rin|nen
die **Lei|tung**, die Lei|tun|gen
die **Lek|tü|re**, die Lek|tü|ren
len|ken, du lenkst
die **Len|kung**, die Len|kung|en
der **Leo|pard**, die Leo|par|den
die **Ler|che** (Vogel), die Ler|chen
ler|nen, du lernst
le|sen, du liest, er las

der **Le|ser**, die Le|ser
die **Le|ser|in**, die Le|se|rin|nen
le|ser|lich 3
Lett|land
letz|te
letz|ter
letz|tes
leuch|ten, du leuchtest
der **Leuch|ter**, die Leuch|ter
leug|nen, du leugnest
die **Leu|te**
das **Le|xi|kon**,
die Le|xi|ka – Le|xi|ken
die **Li|bel|le**, die Li|bel|len
das **Licht**, die Lich|ter
die **Lich|tung**, die Lich|tun|gen
das **Lid** (Augenlid), die Li|der
lieb
die **Lie|be**
lieb|lich
der **Lieb|ling**, die Lieb|lin|ge
das **Lied** (z.B. Gesang),
die Lie|der
sie **lief** ◁ laufen
lie|fern, du lieferst
die **Lie|fe|rung**,
die Lie|fe|run|gen
die **Lie|ge**, die Lie|gen
lie|gen, du liegst, sie lag

er **lieh** ◁ leihen
sie **ließ** ◁ lassen
du **liest** ◁ lesen
die **Li|ga**, die Li|gen
li|la
die **Li|lie**, die Li|li|en
die **Li|mo|na|de**,
die Li|mo|na|den
die **Lin|de**, die Lin|den
das **Li|ne|al**, die Li|nea|le
die **Li|nie**, die Li|ni|en
li|niert
links
die **Lin|se**, die Lin|sen
die **Lip|pe**, die Lip|pen
lis|peln, du lispelst
die **List**, die Lis|ten
die **Lis|te**, die Lis|ten
lis|tig
Li|tau|en
der **Li|ter** – das Li|ter (z.B. 2 l),
die Li|ter
die **Li|te|ra|tur**
er **litt** ◁ leiden
live
das **Lob**, die Lo|be
lo|ben, du lobst
das **Loch**, die Lö|cher
lo|chen, du lochst

lö|che|rig – löch|rig
die **Lo|cke**, die Lo|cken
lo|cken, du lockst
lo|cker
lo|ckern, du lockerst
lo|ckig 6
lo|dern, es lodert
der **Löf|fel**, die Löf|fel
sie **log** ◁ lügen
lo|gisch
der **Lohn**, die Löh|ne
sich **loh|nen**, es lohnt sich
die **Loi|pe**, die Loi|pen
die **Lok**, die Loks
die **Lo|ko|mo|ti|ve**, die Lo|ko|mo|ti|ven 1
los
das **Los**, die Lo|se
lös|bar
lö|schen, du löschst
lo|se
lo|sen, du lost
lö|sen, du löst
lös|lich
die **Lö|sung**, die Lö|sun|gen
lö|ten, du lötest
der **Lot|se**, die Lot|sen
die **Lot|sin**, die Lot|sin|nen
die **Lot|te|rie**, die Lot|te|ri|en
das **Lot|to**
der **Lö|we**, die Lö|wen
der **Lö|wen|zahn**
der **Luchs**, die Luch|se 8
die **Lü|cke**, die Lü|cken
lü|cken|los
er **lud** ◁ laden
die **Luft**, die Lüf|te
lüf|ten, du lüftest
luf|tig
die **Lüf|tung**, die Lüf|tun|gen
die **Lü|ge**, die Lü|gen
lü|gen, du lügst, sie log
die **Lu|ke**, die Lu|ken
sich **lüm|meln**, du lümmelst dich
der **Lum|pen**, die Lum|pen
lum|pig
die **Lun|ge**, die Lun|gen
die **Lu|pe**, die Lu|pen
die **Lust**, die Lüs|te
lus|tig 6
lut|schen, du lutschst
Lu|xem|burg
lu|xu|ri|ös
der **Lu|xus**

M

m (Meter)
ma|chen, du machst
die **Macht**, die Mäch|te
mäch|tig
das **Mäd|chen**, die Mäd|chen
die **Ma|de**, die Ma|den
der **Ma|gen**,
die Mä|gen – Ma|gen
ma|ger
die **Ma|gie**
der **Mag|net**,
die Mag|ne|te – Mag|ne|ten
mag|ne|tisch
du **magst** ◁ mögen
mä|hen, du mähst
mah|len (z.B. Mehl mahlen),
du mahlst
die **Mahl|zeit**, die Mahl|zei|ten
die **Mäh|ne**, die Mäh|nen
mah|nen, du mahnst
die **Mah|nung**, die Mah|nun|gen
der **Mai**
die **Mail|box**, die Mail|bo|xen
mai|len, du mailst
der **Main**
der **Mais** 8
die **Ma|jes|tät**, die Ma|jes|tä|ten
die **Ma|jo|nä|se** – Ma|yon|naise
das **Make-up**, die Make-ups
die **Mak|ka|ro|ni**
das **Mal**, die Ma|le
mal
ma|len (z.B. Bild malen),
du malst
Mal|ta
die **Ma|ma**, die Ma|mas
das **Mam|mut**,
die Mam|mu|te – Mam|muts
man
der **Ma|na|ger**, die Ma|na|ger
die **Ma|na|ge|rin**,
die Ma|na|ge|rin|nen
man|che
man|cher
man|ches
manch|mal
das **Man|da|la**, die Man|da|las
die **Man|da|ri|ne**,
die Man|da|ri|nen 1
die **Man|del**, die Man|deln
die **Ma|ne|ge**, die Ma|ne|gen
der **Manga** – das Man|ga,
die Man|gas

der **Man|gel**, die Män|gel
man|gel|haft
der **Mann**, die Män|ner
männ|lich
die **Mann|schaft**,
die Mann|schaf|ten
der **Man|tel**, die Män|tel
die **Map|pe**, die Map|pen
der **Ma|ra|thon**, die Ma|ra|thons
das **Mär|chen**, die Mär|chen
der **Mar|der**, die Mar|der
die **Mar|ga|ri|ne**
die **Mar|ge|ri|te**,
die Mar|ge|ri|ten
Ma|riä Him|mel|fahrt
die **Ma|rio|net|te**,
die Ma|rio|net|ten
die **Mar|ke**, die Mar|ken
mar|kie|ren, du markierst
der **Markt**, die Märk|te
die **Mar|me|la|de**,
die Mar|me|la|den
der **Mars**
der **Marsch**, die Mär|sche
mar|schie|ren,
du marschierst
der **März**
das **Mar|zi|pan**
die **Ma|sche**, die Ma|schen
die **Ma|schi|ne**, die Ma|schi|nen
die **Ma|sern**
die **Mas|ke**, die Mas|ken
sich **mas|kie|ren**,
du maskierst dich
das **Mas|kott|chen**,
die Mas|kott|chen
das **Maß**, die Ma|ße
sie **maß** ◁ messen
die **Mas|sa|ge**, die Mas|sa|gen
die **Mas|se**, die Mas|sen
mas|sie|ren, du massierst
mä|ßig
mas|siv
die **Maß|nah|me**,
die Maß|nah|men
der **Maß|stab**, die Maß|stä|be 4
der **Mast**, die Mas|ten – Mas|te
mäs|ten, du mästest
das **Match**, die Matchs –
Mat|che – Mat|ches
das **Ma|te|ri|al**,
die Ma|te|ria|li|en
die **Ma|the|ma|tik** 2
ma|the|ma|tisch
die **Mat|rat|ze**, die Mat|rat|zen
der **Mat|ro|se**, die Mat|ro|sen
die **Mat|ro|sin**,
die Mat|ro|sin|nen

A B C D E F G H I J K L M N O P Q R S T U V W X Y Z

A B C D E F G H I J K L M N O P Q R S T U V W X Y Z

der **Matsch**
mat|schig
matt
die **Mat|te**, die Mat|ten
die **Mau|er**, die Mau|ern
das **Maul**, die Mäu|ler
mau|len, du maulst
der **Maul|wurf**, die Maul|wür|fe
die **Maus**, die Mäu|se
die **Ma|yon|nai|se** – Ma|jo|nä|se
MB (Megabyte)
der **Me|cha|ni|ker**, die Me|cha|ni|ker
die **Me|cha|ni|ke|rin**, die Me|cha|ni|ke|rin|nen
me|cha|nisch
me|cha|nisch
me|ckern, du meckerst
Meck|len|burg-Vor|pom|mern
die **Me|dail|le**, die Me|dail|len
die **Me|di|en**
das **Me|di|ka|ment**, die Me|di|ka|men|te
die **Me|di|zin**
das **Meer**, die Mee|re
das **Meer|schwein|chen**, die Meer|schwein|chen
das **Me|ga|byte** (z.B. 2 MB), die Me|ga|byte – Me|ga|bytes
das **Mehl**, die Meh|le
mehr, am meisten ◁ viel
mehr|mals 4
die **Mehr|zahl**, die Mehr|zah|len
mei|den, du meidest, er mied
mein
mei|ne
mei|ner
mei|nes
mei|nen, du meinst
die **Mei|nung**, die Mei|nun|gen
die **Mei|se**, die Mei|sen
der **Mei|ßel**, die Mei|ßel
meis|tens
am **meis|ten** ◁ viel
der **Meis|ter**, die Meis|ter
die **Meis|te|rin**, die Meis|te|rin|nen
die **Meis|ter|schaft**, die Meis|ter|schaf|ten
mel|den, du meldest
die **Mel|dung**, die Mel|dun|gen
mel|ken, du melkst, sie molk
die **Me|lo|die**, die Me|lo|di|en
die **Me|lo|ne**, die Me|lo|nen
das **Me|mo|ry**, die Me|mo|rys

die **Men|ge**, die Men|gen
der **Mensch**, die Men|schen
mensch|lich ❸
das **Me|nü**, die Me|nüs
mer|ken, du merkst
das **Merk|mal**, die Merk|ma|le
der **Mer|kur**
merk|wür|dig
die **Mes|se**, die Mes|sen
mes|sen, du misst, sie maß
das **Mes|ser**, die Mes|ser
das **Mes|sing**
das **Me|tall**, die Me|tal|le
der **Me|te|or**, die Me|teo|re
der **Me|ter** – das Me|ter (z.B. 9 m), die Me|ter
die **Me|tho|de**, die Me|tho|den
die **Metz|ge|rei**, die Metz|ge|rei|en
die **Meu|te|rei**, die Meu|te|rei|en
mg (Milligramm)
mi|au|en, sie miaut
mich
die **Mi|cky|maus**
er **mied** ◁ meiden
die **Mie|ne**, die Mie|nen
die **Mie|te**, die Mie|ten
mie|ten, du mietest
das **Mik|ro|fon** – Mi|kro|phon, die Mik|ro|fo|ne – Mi|kro|pho|ne
das **Mik|ros|kop**, die Mik|ros|ko|pe
die **Mik|ro|wel|le**, die Mik|ro|wel|len
die **Milch**
mild ❻
das **Mi|li|tär**
Mill. (Million)
die **Mil|li|ar|de**, die Mil|li|ar|den
das **Mil|li|gramm** (z.B. 5 mg), die Mil|li|gramm ❹
der **Mil|li|li|ter** (z.B. 10 ml), die Mil|li|li|ter
der **Mil|li|me|ter** (z.B. 4 mm), die Mil|li|me|ter
die **Mil|li|on** (z.B. 5 Mill. – Mio.), die Mil|lio|nen
min (Minute)
das **Mi|na|rett**, die Mi|na|ret|te
min|des|tens
die **Mi|ne**, die Mi|nen
das **Mi|ne|ral|was|ser**, die Mi|ne|ral|wäs|ser
das **Mi|ni|golf**
der **Mi|nis|ter**, die Mi|nis|ter

die **Mi|nis|te|rin**,
die Mi|nis|te|rin|nen
der **Mi|nist|rant**,
die Mi|nist|ran|ten
die **Mi|nist|ran|tin**,
die Mi|nist|ran|tin|nen
mi|nus
das **Mi|nus|zei|chen**,
die Mi|nus|zei|chen
die **Mi|nu|te** (z.B. 6 min),
die Mi|nu|ten
Mio. (Million)
mir
mi|schen, du mischst
miss|ach|ten,
du missachtest
der **Miss|brauch**,
die Miss|bräu|che
der **Miss|er|folg**,
die Miss|er|fol|ge
miss|han|deln,
du misshandelst
die **Mis|si|on**, die Mis|sio|nen
du **misst** ◁ messen
miss|trau|en, du misstraust
miss|trau|isch
das **Miss|ver|ständ|nis**,
die Miss|ver|ständ|nis|se
der **Mist**

mit
die **Mit|ar|beit**
mit|ei|nan|der (3)
mit|fah|ren, du fährst mit,
sie fuhr mit
das **Mit|glied**, die Mit|glie|der
der **Mit|laut**, die Mit|lau|te
das **Mit|leid**
mit|lei|dig
der **Mit|schü|ler**, die Mit|schü|ler
die **Mit|schü|le|rin**,
die Mit|schü|le|rin|nen
der **Mit|tag**, die Mit|ta|ge
mit|tags
die **Mit|te**, die Mit|ten
mit|tei|len, du teilst mit
die **Mit|tei|lung**,
die Mit|tei|lun|gen
das **Mit|tel**, die Mit|tel
das **Mit|tel|al|ter**
das **Mit|tel|meer**
mit|ten
die **Mit|ter|nacht** (4)
mitt|ler|wei|le
der **Mitt|woch**, die Mitt|wo|che
mitt|wochs
mi|xen, du mixt
ml (Milliliter)
mm (Millimeter)

A B C D E F G H I J K L **M** N O P Q R S T U V W X Y Z

das **Mö|bel**, die Mö|bel
sie **moch|te** ◁ mögen
die **Mo|de**, die Mo|den
das **Mo|dell**, die Mo|del|le
der **Mo|de|ra|tor**, die Mo|de|ra|to|ren
die **Mo|de|ra|to|rin**, die Mo|de|ra|to|rin|nen
mo|dern
das **Mo|fa**, die Mo|fas
mo|geln, du mogelst
mö|gen, du magst, sie mochte
mög|lich
die **Mög|lich|keit**, die Mög|lich|kei|ten
Mo|ham|med
der **Mohn**
die **Möh|re**, die Möh|ren
die **Mohr|rü|be**, die Mohr|rü|ben
der **Molch**, die Mol|che
sie **molk** ◁ melken
mol|lig
der **Mo|ment**, die Mo|men|te
mo|men|tan
der **Mo|nat**, die Mo|na|te
mo|nat|lich
der **Mönch**, die Mön|che
der **Mond**, die Mon|de

der **Mo|ni|tor**, die Mo|ni|to|re
das **Mons|ter**, die Mons|ter
der **Mon|tag**, die Mon|ta|ge
die **Mon|ta|ge**, die Mon|ta|gen
mon|tags
der **Mon|teur**, die Mon|teu|re
die **Mon|teu|rin**, die Mon|teu|rin|nen
mon|tie|ren, du montierst
das **Moor**, die Moo|re
das **Moos**, die Moo|se 8
das **Mo|ped**, die Mo|peds
die **Mo|ral**
der **Mord**, die Mor|de
der **Mör|der**, die Mör|der
die **Mör|de|rin**, die Mör|de|rin|nen
der **Mor|gen**, die Mor|gen
mor|gen
mor|gens
morsch
der **Mör|tel**
das **Mo|sa|ik**, die Mo|sai|ken
die **Mo|schee**, die Mo|scheen
die **Mo|sel**
der **Mo|tor**, die Mo|to|ren
das **Mo|tor|rad**, die Mo|tor|rä|der
die **Mot|te**, die Mot|ten

das **Moun|tain|bike**, die Moun|tain|bikes
die **Mö|we**, die Mö|wen
die **Mü|cke**, die Mü|cken
mü|de
die **Mü|dig|keit**
die **Mü|he**, die Mü|hen
die **Müh|le**, die Müh|len
müh|sam
die **Mul|de**, die Mul|den
der **Müll**
die **Müll|ab|fuhr**, die Müll|ab|fuh|ren
die **Müll|de|po|nie**, die Müll|de|po|ni|en
die **Mul|ti|pli|ka|ti|on**, die Mul|ti|pli|ka|tio|nen ❷
mul|ti|pli|zie|ren, du multiplizierst
die **Mu|mie**, die Mu|mi|en
der **Mund**, die Mün|der
mün|den, er mündet ❹
münd|lich
die **Mün|dung**, die Mün|dun|gen
mün|den
mun|ter
die **Mün|ze**, die Mün|zen
die **Mur|mel**, die Mur|meln
mur|meln, du murmelst
mür|risch
das **Mus**
die **Mu|schel**, die Mu|scheln
das **Mu|se|um**, die Mu|se|en
das **Mu|si|cal**, die Mu|si|cals
die **Mu|sik**
mu|si|ka|lisch
der **Mu|si|ker**, die Mu|si|ker
die **Mu|si|ke|rin**, die Mu|si|ke|rin|nen
mu|si|zie|ren, du musizierst
der **Mus|kel**, die Mus|keln
das **Müs|li**, die Müs|li – Müs|lis
der **Mus|lim**, die Mus|li|me
die **Mus|li|min** – Mus|li|ma, die Mus|li|min|nen – Mus|li|mas
müs|sen, du musst, sie musste
du **musst** ◁ müssen
sie **muss|te** ◁ müssen
das **Mus|ter**, die Mus|ter
der **Mut**
mu|tig ❻
die **Mut|ter** (Mama), die Müt|ter
die **Mut|ter** (einer Schraube), die Mut|tern
mut|wil|lig
die **Müt|ze**, die Müt|zen

A B C D E F G H I J K L M N O P Q R S T U V W X Y Z

N

nach
der **Nach|bar**, die Nach|barn
die **Nach|ba|rin**, die Nach|ba|rin|nen
nach|dem
nach|den|ken, du denkst nach, er dachte nach
nach|denk|lich
nach|ei|nan|der
der **Nach|fol|ger**, die Nach|fol|ger
die **Nach|fol|ge|rin**, die Nach|fol|ge|rin|nen
die **Nach|fra|ge**, die Nach|fra|gen
nach|ge|ben, du gibst nach, sie gab nach
nach|hau|se – nach Hau|se
nach|her
der **Nach|mit|tag**, die Nach|mit|ta|ge
nach|mit|tags
die **Nach|richt**, die Nach|rich|ten
nächs|te
nächs|ter
nächs|tes
am **nächs|ten** ◁ nah
die **Nacht**, die Näch|te
der **Nach|teil**, die Nach|tei|le
nach|träg|lich
nachts
na|ckig
nackt
die **Na|del**, die Na|deln
der **Na|gel**, die Nä|gel
na|gen, du nagst
nah, näher, am nächsten
die **Nä|he**
nä|hen, du nähst
nä|her, am nächsten ◁ nah
er **nahm** ◁ nehmen
die **Nah|rung** 8
das **Nah|rungs|mit|tel**, die Nah|rungs|mit|tel
die **Naht**, die Näh|te
na|iv
der **Na|me**, die Na|men
näm|lich
er **nann|te** ◁ nennen
der **Napf**, die Näp|fe
die **Nar|be**, die Nar|ben
die **Nar|ko|se**, die Nar|ko|sen
der **Narr**, die Nar|ren

die **När|rin**, die När|rin|nen
när|risch
die **Nar|zis|se**, die Nar|zis|sen
na|schen, du naschst
die **Na|se**, die Na|sen 1
nass
die **Näs|se**
die **Na|ti|on**, die Na|tio|nen
na|tio|nal
die **Na|tur**, die Na|tu|ren
na|tür|lich
der **Ne|bel**, die Ne|bel
ne|be|lig – neb|lig
ne|ben
ne|ben|ei|nan|der
der **Ne|ckar**
ne|cken, du neckst
der **Nef|fe**, die Nef|fen
ne|ga|tiv
neh|men, du nimmst,
er nahm 4
der **Neid**
nei|disch
sich **nei|gen**, du neigst dich
nein
die **Nel|ke**, die Nel|ken
nen|nen, du nennst,
er nannte 5
der **Nep|tun**

der **Nerv**, die Ner|ven
ner|vös
das **Nest**, die Nes|ter
nett
das **Netz**, die Net|ze
neu
die **Neu|gier**
neu|gie|rig
die **Neu|ig|keit**,
die Neu|ig|kei|ten 7
das **Neu|jahr**
neu|lich
neun
neun|mal
neun|zig
nicht
die **Nich|te**, die Nich|ten
nichts
ni|cken, du nickst
nie
nie|der 2
die **Nie|der|la|ge**,
die Nie|der|la|gen
die **Nie|der|lan|de**
Nie|der|sach|sen
der **Nie|der|schlag**,
die Nie|der|schlä|ge
nied|lich
nied|rig 6

nie|mals
nie|mand
die **Nie|re**, die Nie|ren
nie|seln, es nieselt
nie|sen, du niest
die **Nie|te**, die Nie|ten
der **Ni|ko|laus**, die Ni|ko|lau|se – Ni|ko|läu|se
das **Nil|pferd**, die Nil|pfer|de
du **nimmst** ◁ nehmen
nip|pen, du nippst
nir|gends
nir|gend|wo
die **Ni|sche**, die Ni|schen
nis|ten, er nistet
die **Ni|xe**, die Ni|xen 8
noch
noch|mals
das **No|men**, die No|men
der **No|mi|na|tiv**
die **Non|ne**, die Non|nen
der **Non|sens** 1
non|stop
der **Nor|den**
nörd|lich
der **Nord|pol**
Nord|rhein-West|fa|len
die **Nord|see**
nör|geln, du nörgelst
die **Norm**, die Nor|men
nor|mal
nor|ma|ler|wei|se
Nor|we|gen
die **Not**, die Nö|te
die **No|te**, die No|ten
das **Note|book**, die Note|books
no|tie|ren, du notierst
nö|tig 6
die **No|tiz**, die No|ti|zen
not|wen|dig
der **No|vem|ber**
nüch|tern
nu|ckeln, du nuckelst
die **Nu|del**, die Nu|deln
null
die **Num|mer**, die Num|mern
num|me|rie|ren, du nummerierst 4
nun
nur
nu|scheln, du nuschelst
die **Nuss**, die Nüs|se
nut|zen, du nutzt 2
nüt|zen, es nützt
nütz|lich

O

die **Oa|se**, die Oa|sen
ob
ob|dach|los
oben
ober|fläch|lich
das **Ob|jekt**, die Ob|jek|te
die **Ob|la|te**, die Ob|la|ten
das **Obst**
ob|wohl
der **Och|se**, die Och|sen
ocker
oder
die **Oder**
der **Ofen**, die Öfen
of|fen 5
die **Of|fen|heit**
öf|fent|lich
of|fi|zi|ell
off|line
öff|nen, du öffnest
die **Öff|nung**, die Öff|nun|gen
oft
öf|ter
oh|ne
ohn|mäch|tig
das **Ohr**, die Oh|ren
o. k. (okay)
okay (o. k.)
öko|lo|gisch
der **Ok|to|ber**
das **Öl**, die Öle
ölig
die **Oli|ve**, die Oli|ven
die **Olym|pia|de**,
die Olym|pia|den
olym|pisch
die **Oma**, die Omas
der **On|kel**, die On|kel
on|line
der **Opa**, die Opas
das **Open-Air-Kon|zert**,
die Open-Air-Kon|zer|te
die **Oper**, die Opern
die **Ope|ra|ti|on**,
die Ope|ra|tio|nen
ope|rie|ren, du operierst
das **Op|fer**, die Op|fer
der **Op|ti|ker**, die Op|ti|ker
die **Op|ti|ke|rin**,
die Op|ti|ke|rin|nen
op|ti|mal
op|ti|mis|tisch

die **Oran|ge**, die Oran|gen 8
das **Or|ches|ter**, die Or|ches|ter
or|dent|lich
ord|nen, du ordnest
der **Ord|ner**, die Ord|ner
die **Ord|nung**
das **Or|gan**, die Or|ga|ne
die **Or|ga|ni|sa|ti|on**, die Or|ga|ni|sa|tio|nen
or|ga|ni|sie|ren, du organisierst
die **Or|gel**, die Or|geln
der **Ori|ent**
ori|en|ta|lisch
sich **ori|en|tie|ren**, du orientierst dich
die **Ori|en|tie|rung**, die Ori|en|tie|rungen
das **Ori|gi|nal**, die Ori|gi|na|le
ori|gi|nell
der **Or|kan**, die Or|ka|ne
der **Ort**, die Or|te 6
der **Os|ten**
Os|tern
Ös|ter|reich
öst|lich
die **Ost|see**
der **Ot|ter** (Marderart), die Ot|ter 5
die **Ot|ter** (Schlangenart), die Ot|tern
oval
der **Ove|rall**, die Ove|ralls
der **Oze|an**, die Ozea|ne
das **Ozon**

P

das **Paar**, die Paa|re
ein **paar**
ein **paar|mal**
das **Päck|chen**, die Päck|chen 4
pa|cken, du packst
die **Pa|ckung**, die Pa|ckun|gen
das **Pad|del**, die Pad|del 5
pad|deln, du paddelst

das **Pa|ket**, die Pa|ke|te 1
der **Pa|last**, die Pa|läs|te
die **Pal|me**, die Pal|men
die **Pa|nik**
die **Pan|ne**, die Pan|nen
der **Pan|ther** – Pan|ter,
die Pan|ther – Pan|ter
der **Pan|tof|fel**, die Pan|tof|feln
die **Pan|to|mi|me**,
die Pan|to|mi|men
der **Pan|zer**, die Pan|zer
der **Pa|pa**, die Pa|pas 7
der **Pa|pa|gei**, die Pa|pa|gei|en
das **Pa|pier**, die Pa|pie|re
die **Pap|pe**, die Pap|pen
die **Pap|pel**, die Pap|peln
die **Pap|ri|ka** – der Pap|ri|ka,
die Pap|ri|ka – Pap|ri|kas
der **Papst**, die Päps|te
das **Pa|ra|dies**, die Pa|ra|die|se
pa|ral|lel
die **Pa|ral|le|le**, die Pa|ral|le|len
der **Pa|ra|sit**, die Pa|ra|si|ten
das **Pär|chen**, die Pär|chen
das **Par|fum** – Par|füm,
die Par|fums – Par|fü|me –
Par|füms
der **Park**, die Parks
par|ken, du parkst 3

das **Par|kett**,
die Par|ket|te – Par|ketts
der **Park|platz**, die Park|plät|ze
das **Par|la|ment**,
die Par|la|men|te
die **Par|tei**, die Par|tei|en
der **Part|ner**, die Part|ner
die **Part|ne|rin**,
die Part|ne|rin|nen
die **Part|ner|schaft**,
die Part|ner|schaf|ten
die **Par|ty**, die Par|tys 8
der **Pass**, die Päs|se
der **Pas|sa|gier**,
die Pas|sa|gie|re
die **Pas|sa|gie|rin**,
die Pas|sa|gie|rin|nen
das **Pas|sah|fest**
pas|sen, es passt 2
pas|sie|ren, es passiert
pas|siv
die **Pas|te|te**, die Pas|te|ten
der **Pas|tor**, die Pas|to|ren
die **Pas|to|rin**,
die Pas|to|rin|nen
der **Pa|te**, die Pa|ten
der **Pa|ti|ent**, die Pa|ti|en|ten
die **Pa|ti|en|tin**,
die Pa|ti|en|tin|nen

die **Pa|tin**, die Pa|tin|nen
die **Pat|ro|ne**, die Pat|ro|nen
die **Pau|ke**, die Pau|ken
die **Pau|se**, die Pau|sen
der **Pa|zi|fik**
der **PC**, die PCs
das **Pech**
das **Pe|dal**, die Pe|da|le 1
pein|lich
die **Pel|le**, die Pel|len
der **Pelz**, die Pel|ze
pel|zig
das **Pen|del**, die Pen|del
der **Pe|nis**, die Pe|nis|se
pen|nen, du pennst
die **Pen|si|on**, die Pen|sio|nen
das **Per|fekt**
per|fekt
die **Pe|rio|de**, die Pe|rio|den
die **Per|le**, die Per|len
die **Per|son**, die Per|so|nen
das **Per|so|nal**
per|sön|lich 3
die **Pers|pek|ti|ve**,
die Pers|pek|ti|ven
die **Pe|rü|cke**, die Pe|rü|cken
Pes|sach
pes|si|mis|tisch
die **Pest**

die **Pe|ter|si|lie**
pet|zen, du petzt
der **Pfad**, die Pfa|de 6
der **Pfahl**, die Pfäh|le
das **Pfand**, die Pfän|der
die **Pfan|ne**, die Pfan|nen
der **Pfann|ku|chen**,
die Pfann|ku|chen
der **Pfar|rer**, die Pfar|rer
die **Pfar|re|rin**,
die Pfar|re|rin|nen
der **Pfau**, die Pfau|en
der **Pfef|fer**
die **Pfef|fer|min|ze**
die **Pfei|fe**, die Pfei|fen
pfei|fen, du pfeifst, er pfiff
der **Pfeil**, die Pfei|le
der **Pfei|ler**, die Pfei|ler
das **Pferd**, die Pfer|de 6
der **Pfiff**, die Pfif|fe
er **pfiff** ◁ pfeifen
der **Pfif|fer|ling**,
die Pfif|fer|lin|ge
pfif|fig
Pfings|ten
der **Pfir|sich**, die Pfir|si|che
die **Pflan|ze**, die Pflan|zen
pflan|zen, du pflanzt
das **Pflas|ter**, die Pflas|ter

die **Pflau|me**, die Pflau|men
die **Pfle|ge**
pfle|gen, du pflegst
die **Pflicht**, die Pflich|ten
pflü|cken, du pflückst
pflü|gen, du pflügst
die **Pfor|te**, die Pfor|ten
der **Pfört|ner**, die Pfört|ner
die **Pfört|ne|rin**, die Pfört|ne|rin|nen
der **Pfos|ten**, die Pfos|ten
die **Pfo|te**, die Pfo|ten
der **Pfrop|fen**, die Pfrop|fen
pfui
das **Pfund**, die Pfun|de
pfu|schen, du pfuschst
die **Pfüt|ze**, die Pfüt|zen 5
die **Phan|ta|sie** – Fan|ta|sie, die Phan|ta|si|en – Fan|ta|si|en
phan|tas|tisch – fan|tas|tisch
das **Phan|tom**, die Phan|to|me
die **Pha|se**, die Pha|sen
die **Phi|lo|so|phie**
die **Phy|sik** 8
phy|si|ka|lisch
der **Pi|ckel**, die Pi|ckel
pi|cken, du pickst

das **Pick|nick**, die Pick|nicks
pie|pen, es piept 2
piep|sen, es piepst
pier|cen, du bist gepierct
pi|kant
die **Pil|le**, die Pil|len
der **Pi|lot**, die Pi|lo|ten
die **Pi|lo|tin**, die Pi|lo|tin|nen
der **Pilz**, die Pil|ze
pink
pin|keln, du pinkelst
die **Pinn|wand**, die Pinn|wän|de
der **Pin|sel**, die Pin|sel
pin|seln, du pinselst
die **Pin|zet|te**, die Pin|zet|ten
der **Pi|rat**, die Pi|ra|ten
die **Pi|ra|tin**, die Pi|ra|tin|nen
pir|schen, du pirschst
die **Pis|te**, die Pis|ten
die **Pis|to|le**, die Pis|to|len
die **Piz|za**, die Piz|zas – Piz|zen
die **Piz|ze|ria**, die Piz|ze|ri|en
der **Pkw** – PKW, die Pkws – PKWs
pla|gen, du plagst
das **Pla|kat**, die Pla|ka|te
die **Pla|ket|te**, die Pla|ket|ten
der **Plan**, die Plä|ne 4
die **Pla|ne**, die Pla|nen

pla|nen, du planst
der **Pla|net**, die Pla|ne|ten
plan|schen – plant|schen, du planschst – plantschst
plap|pern, du plapperst
plär|ren, du plärrst
das **Plas|tik**
plät|schern, es plätschert
das **Platt|deutsch**
platt
die **Plat|te**, die Plat|ten
der **Platz**, die Plät|ze 4
das **Plätz|chen**, die Plätz|chen
plat|zen, du platzt
plau|dern, du plauderst
das **Play-back** – Play|back
plei|te
die **Plom|be**, die Plom|ben
plötz|lich
plump 6
plump|sen, du plumpst
plün|dern, du plünderst
der **Plu|ral**
plus
der **Po**, die Pos
po|chen, du pochst
das **Po|di|um**, die Po|di|en
das **Poe|sie|al|bum**, die Poe|sie|al|ben
der **Po|kal**, die Po|ka|le
der **Pol**, die Po|le
Po|len
po|lie|ren, du polierst
die **Po|li|tik**
po|li|tisch
die **Po|li|zei**
der **Po|li|zist**, die Po|li|zis|ten
die **Po|li|zis|tin**, die Po|li|zis|tin|nen
der **Pol|len**, die Pol|len
pol|tern, du polterst
die **Pommes frites** – Pom|mes
das **Po|ny**, die Po|nys 8
der **Pool**, die Pools
der **Pop**
das **Pop|corn**
die **Pop|mu|sik**
die **Po|re**, die Po|ren
die **Por|ti|on**, die Por|tio|nen
das **Porte|mon|naie**, – Port|mo|nee, die Porte|mon|naies – Port|mo|nees
das **Port|fo|lio**, die Port|fo|li|os
das **Por|to**, die Por|tos – Por|ti
Por|tu|gal
das **Por|zel|lan**
die **Po|sau|ne**, die Po|sau|nen

die **Po|si|ti|on**, die Po|si|tio|nen
po|si|tiv
die **Post** (1)
das **Pos|ter**, die Pos|ter
die **Pracht**
präch|tig
das **Prä|di|kat**, die Prä|di|ka|te
prä|gen, du prägst
prah|len, du prahlst
prak|tisch
die **Pra|li|ne**, die Pra|li|nen
prall
die **Prä|mie**, die Prä|mi|en
die **Pran|ke**, die Pran|ken
die **Prä|po|si|ti|on**, die Prä|po|si|tio|nen
die **Prä|rie**, die Prä|ri|en
das **Prä|sens**
die **Prä|sen|ta|ti|on**, die Prä|sen|ta|tio|nen
prä|sen|tie|ren, du präsentierst (3)
der **Prä|si|dent**, die Prä|si|den|ten
die **Prä|si|den|tin**, die Prä|si|den|tin|nen
pras|seln, es prasselt
das **Prä|te|ri|tum**
die **Pra|xis**, die Pra|xen (8)

pre|di|gen, du predigst
die **Pre|digt**, die Pre|dig|ten
der **Preis**, die Prei|se
das **Preis|aus|schrei|ben**, die Preis|aus|schrei|ben
preis|wert
prel|len, du prellst
die **Prel|lung**, die Prel|lun|gen (7)
die **Pre|mie|re**, die Pre|mie|ren
die **Pres|se**, die Pres|sen
pres|sen, du presst (5)
der **Pries|ter**, die Pries|ter
die **Pries|te|rin**, die Pries|te|rin|nen
pri|ma
pri|mi|tiv
der **Prinz**, die Prin|zen
die **Prin|zes|sin**, die Prin|zes|sin|nen
das **Prin|zip**, die Prin|zi|pi|en
die **Pri|se**, die Pri|sen
pri|vat
pro
die **Pro|be**, die Pro|ben
pro|ben, du probst (2)
pro|bie|ren, du probierst
das **Prob|lem**, die Prob|le|me
das **Pro|dukt**, die Pro|duk|te

pro|du|zie|ren,
du produzierst
der **Pro|fes|sor**,
die Pro|fes|so|ren
die **Pro|fes|so|rin**,
die Pro|fes|so|rin|nen
der **Pro|fi**, die Pro|fis
das **Pro|fil**, die Pro|fi|le
das **Pro|gramm**,
die Pro|gram|me
das **Pro|jekt**, die Pro|jek|te 6
der **Pro|jek|tor**,
die Pro|jek|to|ren
pro|mi|nent
prompt
das **Pro|no|men**, die Pro|no|men
der **Pro|pel|ler**, die Pro|pel|ler
pro|phe|zei|en,
du prophezeist
pro|sit
der **Pros|pekt**, die Pros|pek|te
prost
der **Pro|test**, die Pro|tes|te
pro|tes|tan|tisch
pro|tes|tie|ren,
du protestierst
die **Pro|the|se**, die Pro|the|sen
das **Pro|to|koll**,
die Pro|to|kol|le

pro|to|kol|lie|ren,
du protokollierst
der **Pro|vi|ant**
das **Pro|zent**, die Pro|zen|te
der **Pro|zess**, die Pro|zes|se
prü|fen, du prüfst 2
die **Prü|fung**, die Prü|fun|gen
die **Prü|ge|lei**, die Prü|ge|lei|en
prü|geln, du prügelst
PS
die **Psy|cho|lo|gie**
die **Pu|ber|tät**
das **Pub|li|kum**
der **Pud|ding**,
die Pud|din|ge – Pud|dings
der **Pu|del**, die Pu|del
der **Pu|der**, die Pu|der
pu|dern, du puderst
der **Puf|fer**, die Puf|fer
der **Pul|li**, die Pul|lis 5
der **Pul|lo|ver**, die Pul|lo|ver
der **Puls**, die Pul|se
das **Pult**, die Pul|te
das **Pul|ver**, die Pul|ver
die **Pum|pe**, die Pum|pen
pum|pen, du pumpst
der **Punkt**, die Punk|te
pünkt|lich
die **Pu|pil|le**, die Pu|pil|len

die **Pup|pe**, die Pup|pen

pur

das **Pü|ree**, die Pü|rees

pur|zeln, du purzelst

die **Pus|te** (1)

pus|ten, du pustest

put|zen, du putzt

put|zig

puz|zeln, du puzzelst

das **Puz|zle**, die Puz|zles

der **Py|ja|ma**, die Py|ja|mas

die **Py|ra|mi|de**, die Py|ra|mi|den (8)

Qu

der **Qua|der**, die Qua|der

das **Quad|rat**, die Quad|ra|te

quad|ra|tisch

der **Quai** – Kai, die Quais – Kais

qua|ken, du quakst

die **Qual**, die Qua|len (4)

quä|len, du quälst

die **Qua|li|tät**, die Qua|li|tä|ten

die **Qual|le**, die Qual|len (5)

der **Qualm**

qual|men, es qualmt

der **Quark**

das **Quar|tett**, die Quar|tet|te

das **Quar|tier**, die Quar|tie|re

quas|seln, du quasselst

der **Quatsch**

quat|schen, du quatschst

das **Queck|sil|ber**

die **Quel|le**, die Quel|len

quel|len, es quillt, es quoll

quen|geln, du quengelst

quer

die **Quer|flö|te**, die Quer|flö|ten

der **Quer|schnitt**, die Quer|schnit|te

quer|schnitt|ge|lähmt – quer|schnitts|ge|lähmt

quet|schen, du quetschst

die **Quet|schung**, die Quet|schun|gen (7)

A B C D E F G H I J K L M N O P Q R S T U V W X Y Z

quie|ken, du quiekst
quiet|schen, es quietscht
es **quillt** ◁ quellen
der **Quirl**, die Quir|le
quir|len, du quirlst
quitt
die **Quit|te**, die Quit|ten
quit|tie|ren, du quittierst
die **Quit|tung**, die Quit|tun|gen
das **Quiz** (8)
es **quoll** ◁ quellen
die **Quo|te**, die Quo|ten
der **Quo|ti|ent**, die Quo|ti|en|ten

R

der **Ra|batt**, die Ra|bat|te (5)
der **Ra|be**, die Ra|ben
die **Ra|che**
der **Ra|chen**, die Ra|chen
sich **rä|chen**, du rächst dich
das **Rad**, die Rä|der
der **Ra|dar** – das Ra|dar, die Ra|da|re
der **Ra|dau**
der **Rad|fah|rer**, die Rad|fah|rer
die **Rad|fah|re|rin**, die Rad|fah|re|rin|nen (4)
ra|die|ren, du radierst
der **Ra|dier|gum|mi**, die Ra|dier|gum|mis
das **Ra|dies|chen**, die Ra|dies|chen (2)
ra|di|kal
das **Ra|dio**, die Ra|di|os
der **Ra|di|us**, die Ra|di|en
raf|fen, du raffst
raf|fi|niert
der **Rah|men**, die Rah|men
die **Ra|ke|te**, die Ra|ke|ten (1)
die **Ral|lye**, die Ral|lyes
der **Ra|ma|dan**
ram|men, du rammst

A B C D E F G H I J K L M N O P Q R S T U V W X Y Z

die **Ram|pe**, die Ram|pen
der **Rand**, die Rän|der 6
der **Rang**, die Rän|ge
sie **rang** ◁ ringen
ran|gie|ren, du rangierst
es **rann** ◁ rinnen
er **rann|te** ◁ rennen
der **Ran|zen**, die Ran|zen 7
ran|zig
der **Rap**, die Raps
der **Rap|pe**, die Rap|pen
der **Rap|per**, die Rap|per
die **Rap|pe|rin**, die Rap|pe|rin|nen
der **Raps**
rar
ra|sant
rasch
ra|scheln, es raschelt
der **Ra|sen**, die Ra|sen
ra|sen, du rast
sich **ra|sie|ren**, du rasierst dich
die **Ras|se**, die Ras|sen
die **Ras|sel**, die Ras|seln 5
ras|seln, du rasselst
die **Rast**, die Ras|ten
ras|ten, du rastest
die **Rast|stät|te**, die Rast|stät|ten

der **Rat**, die Rä|te 6
die **Ra|te**, die Ra|ten
ra|ten, du rätst, sie riet
das **Rat|haus**, die Rat|häu|ser
der **Rat|schlag**, die Rat|schlä|ge
das **Rät|sel**, die Rät|sel
du **rätst** ◁ raten
die **Rat|te**, die Rat|ten
rat|tern, es rattert
rau
rau|ben, du raubst
der **Räu|ber**, die Räu|ber 4
die **Räu|be|rin**, die Räu|be|rin|nen
der **Rauch**
rau|chen, du rauchst
räu|chern, du räucherst
rau|fen, du raufst 2
die **Rau|fe|rei**, die Rau|fe|rei|en
der **Raum**, die Räu|me
räu|men, du räumst
die **Rau|pe**, die Rau|pen 1
der **Rau|reif**
raus
der **Rausch**, die Räu|sche
rau|schen, es rauscht
sich **räus|pern**, du räusperst dich
die **Raz|zia**, die Raz|zi|en

re|agie|ren, du reagierst
die **Re|ak|ti|on**, die Re|ak|tio|nen
rea|lis|tisch
die **Rea|li|tät**, die Rea|li|tä|ten
die **Re|al|schu|le**, die Re|al|schu|len
die **Re|be**, die Re|ben
der **Re|chen**, die Re|chen
re|chen, du rechst
rech|nen, du rechnest
der **Rech|ner**, die Rech|ner 7
die **Rech|nung**, die Rech|nun|gen 7
das **Recht**, die Rech|te 6
recht
das **Recht|eck**, die Recht|ecke
recht|eckig
sich **recht|fer|ti|gen**, du rechtfertigst dich
rechts
recht|zei|tig
das **Reck**, die Re|cke
sich **re|cken**, du reckst dich
re|cy|celn, du recycelst
das **Re|cyc|ling**
die **Re|de**, die Re|den
re|den, du redest
die **Re|form**, die Re|for|men
der **Re|for|ma|ti|ons|tag**
das **Re|gal**, die Re|ga|le
die **Re|gel**, die Re|geln
re|gel|mä|ßig
re|geln, du regelst
der **Re|gen**
sich **re|gen**, du regst dich
re|gie|ren, du regierst
die **Re|gie|rung**, die Re|gie|run|gen
das **Re|gime**, die Re|gi|me – Re|gimes
die **Re|gi|on**, die Re|gio|nen
re|gio|nal
der **Re|gis|seur**, die Re|gis|seu|re
die **Re|gis|seu|rin**, die Re|gis|seu|rin|nen
reg|nen, es regnet
reg|ne|risch
das **Reh**, die Re|he
rei|ben, du reibst, sie rieb
die **Rei|bung**, die Rei|bun|gen
reich
rei|chen, es reicht
reich|lich
der **Reich|tum**, die Reich|tü|mer
reif
der **Reif**

der **Rei|fen**, die Rei|fen
die **Rei|he**, die Rei|hen
der **Reim**, die Rei|me (1)
rei|men, du reimst
rein
rei|ni|gen, du reinigst (2)
die **Rei|ni|gung**,
die Rei|ni|gun|gen
der **Reis**
die **Rei|se**, die Rei|sen
rei|sen, du reist
rei|ßen, du reißt, er riss (8)
der **Reiß|ver|schluss**,
die Reiß|ver|schlüs|se
rei|ten, du reitest, er ritt
der **Reiz**, die Rei|ze
rei|zen, du reizt
rei|zend (6)
die **Re|kla|me**, die Re|kla|men
der **Re|kord**, die Re|kor|de
der **Rek|tor**, die Rek|to|ren
die **Rek|to|rin**,
die Rek|to|rin|nen
re|la|tiv
die **Re|li|gi|on**, die Re|li|gio|nen
reli|gi|ös
rem|peln, du rempelst
das **Ren|nen**, die Ren|nen
ren|nen, du rennst, er rannte

re|no|vie|ren, du renovierst
die **Ren|te**, die Ren|ten
sich **ren|tie|ren**, es rentiert sich
der **Rent|ner**, die Rent|ner
die **Rent|ne|rin**,
die Rent|ne|rin|nen
die **Re|pa|ra|tur**,
die Re|pa|ra|tu|ren (2)
re|pa|rie|ren, du reparierst
die **Re|por|ta|ge**,
die Re|por|ta|gen
der **Re|por|ter**, die Re|por|ter
die **Re|por|te|rin**,
die Re|por|te|rin|nen
das **Rep|til**, die Rep|ti|li|en
die **Re|pub|lik**, die Re|pub|li|ken
die **Re|ser|ve**, die Re|ser|ven
re|ser|vie|ren, du reservierst
der **Res|pekt**
der **Rest**, die Res|te
das **Res|tau|rant**,
die Res|tau|rants
ret|ten, du rettest (5)
der **Ret|tich**, die Ret|ti|che
die **Ret|tung**, die Ret|tun|gen (7)
die **Reue**
das **Re|vier**, die Re|vie|re
der **Re|vol|ver**, die Re|vol|ver
das **Re|zept**, die Re|zep|te

der **Rha|bar|ber**
der **Rhein**
Rhein|land-Pfalz
rhyth|misch
der **Rhyth|mus**, die Rhyth|men
rich|ten, du richtest
der **Rich|ter**, die Rich|ter
die **Rich|te|rin**, die Rich|te|rin|nen
rich|tig
die **Rich|tung**, die Rich|tun|gen
sie **rieb** ◁ reiben
rie|chen, du riechst, er roch
sie **rief** ◁ rufen
der **Rie|gel**, die Rie|gel
der **Rie|men**, die Rie|men
der **Rie|se**, die Rie|sen 2
rie|seln, es rieselt
rie|sig
die **Rie|sin**, die Rie|sin|nen
sie **riet** ◁ raten
das **Riff**, die Rif|fe
die **Ril|le**, die Ril|len 5
das **Rind**, die Rin|der 6
die **Rin|de**, die Rin|den
der **Ring**, die Rin|ge
rin|gen, du ringst, sie rang
rings|he|rum
die **Rin|ne**, die Rin|nen
rin|nen, es rinnt, es rann
die **Rip|pe**, die Rip|pen
das **Ri|si|ko**, die Ri|si|ken – Ri|si|kos
ris|kie|ren, du riskierst
der **Riss**, die Ris|se
er **riss** ◁ rei|ßen
ris|sig
der **Ritt**, die Rit|te
er **ritt** ◁ reiten
der **Rit|ter**, die Rit|ter
die **Rit|ze**, die Rit|zen
die **Rob|be**, die Rob|ben
der **Ro|bo|ter**, die Ro|bo|ter
ro|bust
er **roch** ◁ riechen
rö|cheln, du röchelst
der **Rock**, die Rö|cke 7
ro|deln, du rodelst
der **Rog|gen**
roh 8
das **Rohr**, die Roh|re
die **Röh|re**, die Röh|ren
die **Rol|le**, die Rol|len
rol|len, du rollst
der **Rol|ler**, die Rol|ler
das **Rol|lo**, die Rol|los
der **Ro|man**, die Ro|ma|ne
ro|man|tisch

rönt|gen, sie wird geröntgt
ro|sa
die **Ro|se**, die Ro|sen
ro|sig
die **Ro|si|ne**, die Ro|si|nen ❶
der **Rost**
ros|ten, es rostet
rös|ten, du röstest
ros|tig
rot
rub|beln, du rubbelst
die **Rü|be**, die Rü|ben
der **Ruck**, die Ru|cke
der **Rü|cken**, die Rü|cken
rü|cken, du rückst
die **Rück|kehr**
die **Rück|sicht**, die Rück|sich|ten
rück|sichts|los
rück|wärts
der **Ruck|sack**, die Ruck|sä|cke
der **Rück|tritt**, die Rück|trit|te
das **Ru|del**, die Ru|del
das **Ru|der**, die Ru|der ❷
ru|dern, du ruderst
der **Ruf**, die Ru|fe
ru|fen, du rufst, sie rief
die **Rü|ge**, die Rü|gen
die **Ru|he**
ru|hig
der **Ruhm** ❽
rüh|ren, du rührst
die **Rui|ne**, die Rui|nen
Ru|mä|ni|en
der **Rum|mel|platz**, die Rum|mel|plät|ze
rümp|fen, du rümpfst
rund ❻
die **Run|de**, die Run|den
der **Rund|funk**
run|zeln, du runzelst
runz|lig
rup|fen, du rupfst
der **Ruß**
der **Rüs|sel**, die Rüs|sel
ru|ßig
Russ|land
rüs|tig
die **Rüs|tung**, die Rüs|tun|gen ❼
die **Ru|te**, die Ru|ten
die **Rut|sche**, die Rut|schen
rut|schen, du rutschst
rüt|teln, du rüttelst

S

s (Sekunde)
S. (Seite)
der **Saal**, die Sä|le
das **Saar|land**
die **Saat**, die Saa|ten
der **Sab|bat**
die **Sa|che**, die Sa|chen
sach|lich
säch|lich
Sach|sen
Sach|sen-An|halt
der **Sack**, die Sä|cke
die **Sack|gas|se**, die Sack|gas|sen
sä|en, du säst
der **Safe** – das Safe, die Safes
der **Saft**, die Säf|te
saf|tig
die **Sa|ge**, die Sa|gen
die **Sä|ge**, die Sä|gen
sa|gen, du sagst
sä|gen, du sägst
sa|gen|haft
er **sah** ◁ sehen
die **Sah|ne**
sah|nig 6
die **Sai|son**, die Sai|sons
die **Sai|te** (z.B. Gitarrensaite), die Sai|ten 8
der **Sa|la|man|der**, die Sa|la|man|der
die **Sa|la|mi**, die Sa|la|mis
der **Sa|lat**, die Sa|la|te
die **Sal|be**, die Sal|ben
der **Sal|to**, die Sal|tos – Sal|ti
das **Salz**, die Sal|ze
sal|zig
der **Sa|men**, die Sa|men
sam|meln, du sammelst 2
die **Samm|lung**, die Samm|lun|gen
der **Sams|tag**, die Sams|ta|ge
sams|tags
sämt|lich
der **Sand**
die **San|da|le**, die San|da|len
san|dig
er **sand|te** ◁ senden
sanft
er **sang** ◁ singen
der **Sän|ger**, die Sän|ger
die **Sän|ge|rin**, die Sän|ge|rin|nen

der **Sa|ni|tä|ter**, die Sa|ni|tä|ter
die **Sa|ni|tä|te|rin**, die Sa|ni|tä|te|rin|nen
es **sank** ◁ sinken
der **Sarg**, die Sär|ge
sie **saß** ◁ sitzen
der **Sa|tel|lit**, die Sa|tel|li|ten
satt
der **Sat|tel**, die Sät|tel (5)
der **Sa|turn**
der **Satz**, die Sät|ze
die **Satz|aus|sa|ge**, die Satz|aus|sa|gen
der **Satz|ge|gen|stand**, die Satz|ge|gen|stän|de
die **Sau**, die Säue
sau|ber (1)
säu|bern, du säuberst
sau|er
säu|er|lich
der **Sau|er|stoff**
sau|fen, du säufst, es soff
du **säufst** ◁ saufen
sau|gen, du saugst, sie sog (3)
das **Säu|ge|tier**, die Säu|ge|tie|re
der **Säug|ling**, die Säug|lin|ge
die **Säu|le**, die Säu|len

der **Saum**, die Säu|me
die **Sau|na**, die Sau|nas – Sau|nen
die **Säu|re**, die Säu|ren
der **Sau|ri|er**, die Sau|ri|er
sau|sen, du saust
die **S-Bahn**, die S-Bah|nen
der **Scan|ner**, die Scan|ner
scha|ben, du schabst
schä|big
die **Schab|lo|ne**, die Schab|lo|nen
das **Schach**
der **Schacht**, die Schäch|te
die **Schach|tel**, die Schach|teln
scha|de
der **Schä|del**, die Schä|del
der **Scha|den**, die Schä|den (4)
scha|den, du schadest
schäd|lich
der **Schäd|ling**, die Schäd|lin|ge
das **Schaf**, die Scha|fe
der **Schä|fer**, die Schä|fer
die **Schä|fe|rin**, die Schä|fe|rin|nen
schaf|fen, du schaffst
der **Schal**, die Schals
die **Scha|le**, die Scha|len
schä|len, du schälst

der **Schall**,
die Schal|le – Schäl|le 7
schal|len, es schallt
die **Schall|plat|te**,
die Schall|plat|ten
schal|ten, du schaltest
der **Schal|ter**, die Schal|ter
sich **schä|men**, du schämst dich
die **Schan|ze**, die Schan|zen
die **Schar**, die Scha|ren
scharf, schärfer,
am schärfsten
die **Schär|fe**
schär|fer,
am schärfsten ◁ scharf
der **Schar|lach**
schar|ren, du scharrst
das **Schasch|lik** –
der Schasch|lik,
die Schasch|liks
der **Schat|ten**, die Schat|ten
schat|tig 6
der **Schatz**, die Schät|ze
schät|zen, du schätzt
die **Schau**, die Schau|en
schau|en, du schaust
der **Schau|er**, die Schau|er
die **Schau|fel**, die Schau|feln
schau|feln, du schaufelst
die **Schau|kel**, die Schau|keln
schau|keln, du schaukelst
der **Schaum**, die Schäu|me
schäu|men, du schäumst
schau|rig
der **Schau|spie|ler**,
die Schau|spie|ler
die **Schau|spie|le|rin**,
die Schau|spie|le|rin|nen
der **Scheck**, die Schecks
die **Schei|be**, die Schei|ben
die **Schei|de**, die Schei|den
sich **schei|den lassen**,
du lässt dich scheiden,
sie ließen sich scheiden
die **Schei|dung**,
die Schei|dun|gen 7
der **Schein**, die Schei|ne
schein|bar
schei|nen, es scheint,
es schien
der **Schei|tel**, die Schei|tel
schei|tern, du scheiterst
der **Schen|kel**, die Schen|kel
schen|ken, du schenkst
die **Scher|be**, die Scher|ben
die **Sche|re**, die Sche|ren
der **Scherz**, die Scher|ze
scher|zen, du scherzt

die **Scheu**
scheu
scheu|ern, du scheuerst
die **Scheu|ne**, die Scheu|nen
scheuß|lich
der **Schi** – Ski,
die Schi|er – Ski|er 8
die **Schicht**, die Schich|ten
schick – chic
schi|cken, du schickst
das **Schick|sal**, die Schick|sa|le
schie|ben, du schiebst,
sie schob 2
der **Schieds|rich|ter**,
die Schieds|rich|ter
die **Schieds|rich|te|rin**,
die Schieds|rich|te|rin|nen
schief
schie|len, du schielst
es **schien** ◁ scheinen
das **Schien|bein**,
die Schien|bei|ne
die **Schie|ne**, die Schie|nen
schie|ßen, du schießt,
sie schoss 4
das **Schiff**, die Schif|fe
die **Schiff|fahrt**,
die Schiff|fahr|ten
die **Schi|ka|ne**, die Schi|ka|nen
schi|ka|nie|ren,
du schikanierst
das **Schild**, die Schil|der
schil|dern, du schilderst
die **Schild|krö|te**,
die Schild|krö|ten
das **Schilf**, die Schil|fe
schil|lern, es schillert
der **Schim|mel**,
die Schim|mel 5
schim|me|lig – schimm|lig
schim|mern, es schimmert
schimp|fen, du schimpfst
der **Schin|ken**, die Schin|ken
die **Schip|pe**, die Schip|pen
der **Schirm**, die Schir|me
schlach|ten, du schlachtest
der **Schlaf**
die **Schlä|fe**, die Schlä|fen
schla|fen, du schläfst,
sie schlief 3
schlaff
schlä|fe|rig – schläf|rig
du **schläfst** ◁ schlafen
der **Schlag**, die Schlä|ge
schla|gen, du schlägst,
er schlug
die **Schlä|ge|rei**,
die Schlä|ge|rei|en

du **schlägst** ◁ schlagen
der **Schlamm**
schlam|mig
die **Schlam|pe|rei**, die Schlam|pe|rei|en
schlam|pig
sie **schlang** ◁ schlingen
die **Schlan|ge**, die Schlan|gen
schlank
schlapp
das **Schla|raf|fen|land**
schlau ❶
der **Schlauch**, die Schläu|che
die **Schlau|fe**, die Schlau|fen
schlecht
schle|cken, du schleckst ❺
schlei|chen, du schleichst, er schlich
der **Schlei|er**, die Schlei|er
schlei|er|haft
die **Schlei|fe**, die Schlei|fen
schlei|fen, du schleifst, sie schliff
der **Schleim**
schlei|mig
schlen|dern, du schlenderst
schlep|pen, du schleppst
der **Schlep|per**, die Schlep|per
Schles|wig-Hol|stein
schleu|dern, du schleuderst
schleu|nigst
die **Schleu|se**, die Schleu|sen
er **schlich** ◁ schleichen
schlicht
schlich|ten, du schlichtest
er **schlief** ◁ schlafen
schlie|ßen, du schließt, er schloss ❹
schließ|lich
sie **schliff** ◁ schleifen
schlimm
schlin|gen, du schlingst, sie schlang
der **Schlit|ten**, die Schlit|ten
schlit|tern, du schlitterst
der **Schlitz**, die Schlit|ze
das **Schloss**, die Schlös|ser
er **schloss** ◁ schließen
schlot|tern, du schlotterst
die **Schlucht**, die Schluch|ten
schluch|zen, du schluchzt
der **Schluck**, die Schlu|cke
der **Schluck|auf**
schlu|cken, du schluckst
er **schlug** ◁ schlagen
schlum|mern, du schlummerst
schlüp|fen, du schlüpfst

schlüpf|rig
schlur|fen, du schlurfst
schlür|fen, du schlürfst
der **Schluss**, die Schlüs|se
der **Schlüs|sel**, die Schlüs|sel
schmäch|tig
schmack|haft
schmal 1
das **Schmalz**, die Schmal|ze
schmat|zen, du schmatzt
schme|cken, es schmeckt
schmei|cheln, du schmeichelst
schmei|ßen, du schmeißt, sie schmiss
schmel|zen, es schmilzt, es schmolz
der **Schmerz**, die Schmer|zen
schmerz|haft 3
der **Schmet|ter|ling**, die Schmet|ter|lin|ge
schmie|den, du schmiedest
schmie|ren, du schmierst 2
schmie|rig
es **schmilzt** ◁ schmelzen
die **Schmin|ke**, die Schmin|ken
schmin|ken, du schminkst
sie **schmiss** ◁ schmeißen
schmö|kern, du schmökerst

schmol|len, du schmollst
es **schmolz** ◁ schmelzen
schmo|ren, es schmort
der **Schmuck**
schmü|cken, du schmückst
schmug|geln, du schmuggelst
schmun|zeln, du schmunzelst
schmu|sen, du schmust
der **Schmutz**
schmut|zig 6
der **Schna|bel**, die Schnä|bel
die **Schna|ke**, die Schna|ken
die **Schnal|le**, die Schnal|len
schnal|zen, du schnalzt
das **Schnäpp|chen**, die Schnäpp|chen
schnap|pen, du schnappst
der **Schnaps**, die Schnäp|se
schnar|chen, du schnarchst
schnat|tern, du schnatterst
schnau|ben, du schnaubst
schnau|fen, du schnaufst
die **Schnau|ze**, die Schnau|zen
sich **schnäu|zen**, du schnäuzt dich
die **Schne|cke**, die Schne|cken
der **Schnee** 8

schnei|den, du schneidest, sie schnitt
die **Schnei|de|rei**, die Schnei|de|rei|en
schnei|en, es schneit
schnell
die **Schnel|lig|keit** (7)
schnip|peln, du schnippelst
der **Schnitt**, die Schnit|te
sie **schnitt** ◁ schneiden
der **Schnitt|lauch**
das **Schnit|zel**, die Schnit|zel
schnit|zen, du schnitzt
der **Schnor|chel**, die Schnor|chel
schnüf|feln, du schnüffelst
der **Schnul|ler**, die Schnul|ler
der **Schnup|fen**, die Schnup|fen
schnup|pern, du schnupperst (5)
die **Schnur**, die Schnü|re
schnü|ren, du schnürst
schnur|ren, sie schnurrt
der **Schnür|sen|kel**, die Schnür|sen|kel
er **schob** ◁ schieben
der **Schock**, die Schocks
die **Scho|ko|la|de**, die Scho|ko|la|den

schon (1)
schön
scho|nen, du schonst
die **Schön|heit** (7)
die **Scho|nung** (Nachsicht)
die **Scho|nung** (junger geschützter Baumbestand), die Scho|nun|gen
schöp|fen, du schöpfst
die **Schöp|fung**
der **Schorn|stein**, die Schorn|stei|ne
der **Schoß**, die Schö|ße (8)
sie **schoss** ◁ schießen
der **Schot|ter**
schräg
die **Schram|me**, die Schram|men
der **Schrank**, die Schrän|ke
die **Schran|ke**, die Schran|ken
die **Schrau|be**, die Schrau|ben
schrau|ben, du schraubst
der **Schreck** – Schre|cken, die Schre|cken
schreck|lich (3)
der **Schrei**, die Schreie
schrei|ben, du schreibst, er schrieb

schrei|en, du schreist, sie schrie
die **Schrei|ne|rei**, die Schrei|ne|rei|en
sie **schrie** ◁ schreien
er **schrieb** ◁ schreiben
die **Schrift**, die Schrif|ten
schrift|lich
schrill
die **Schrip|pe**, die Schrip|pen
der **Schritt**, die Schrit|te
schroff
der **Schrott**
schrub|ben, du schrubbst
der **Schrub|ber**, die Schrub|ber
schrump|fen, es schrumpft
das **Schub|fach**, die Schub|fä|cher
die **Schub|kar|re**, die Schub|kar|ren
die **Schub|la|de**, die Schub|la|den
der **Schubs**, die Schub|se
schub|sen, du schubst
schüch|tern
der **Schuh**, die Schu|he
die **Schuld**, die Schul|den 6
schul|den, du schuldest
schul|dig

die **Schu|le**, die Schu|len
der **Schü|ler**, die Schü|ler
die **Schü|le|rin**, die Schü|le|rin|nen
die **Schul|ter**, die Schul|tern
schum|meln, du schummelst
die **Schup|pe**, die Schup|pen
der **Schup|pen**, die Schup|pen
schü|ren, du schürst
die **Schür|ze**, die Schür|zen
der **Schuss**, die Schüs|se
die **Schüs|sel**, die Schüs|seln
schus|se|lig – schuss|lig
der **Schus|ter**, die Schus|ter
die **Schus|te|rin**, die Schus|te|rin|nen
der **Schutt**
schüt|teln, du schüttelst 2
schüt|ten, du schüttest
der **Schutz**, die Schut|ze 4
der **Schüt|ze**, die Schüt|zen
die **Schüt|zin**, die Schüt|zin|nen
schüt|zen, du schützt
schwach, schwächer, am schwächsten
die **Schwä|che**, die Schwä|chen
schwä|cher, am schwächsten ◁ schwach
schwäch|lich

der **Schwa|ger**, die Schwä|ger
die **Schwä|ge|rin**, die Schwä|ge|rin|nen
die **Schwal|be**, die Schwal|ben
der **Schwamm**, die Schwäm|me
er **schwamm** ◁ schwimmen
der **Schwan**, die Schwä|ne
sie **schwang** ◁ schwingen
schwan|ger
die **Schwan|ger|schaft**, die Schwan|ger|schaf|ten
schwan|ken, du schwankst
der **Schwanz**, die Schwän|ze
schwän|zen, du schwänzt
der **Schwarm**, die Schwär|me
schwär|men, du schwärmst
schwarz
schwat|zen – schwät|zen, du schwatzt – schwätzt 3
schwe|ben, du schwebst
Schwe|den
schwei|gen, du schweigst, sie schwieg
schweig|sam
das **Schwein**, die Schwei|ne
der **Schweiß**
schwei|ßen, du schweißt
die **Schweiz**
die **Schwel|le**, die Schwel|len
schwel|len, es schwillt, es schwoll
schwen|ken, du schwenkst
schwer
schwer|fäl|lig
schwer|hö|rig
der **Schwer|punkt**, die Schwer|punk|te
das **Schwert**, die Schwer|ter
die **Schwes|ter**, die Schwes|tern
sie **schwieg** ◁ schweigen
schwie|rig 2
die **Schwie|rig|keit**, die Schwie|rig|kei|ten 7
es **schwillt** ◁ schwellen
schwim|men, du schwimmst, er schwamm 5
der **Schwin|del**
schwin|de|lig – schwind|lig
schwin|deln, du schwindelst
schwin|gen, du schwingst, sie schwang
schwir|ren, du schwirrst
schwit|zen, du schwitzt
es **schwoll** ◁ schwellen
sie **schwor** ◁ schwören
schwö|ren, du schwörst, sie schwor

schwül
der **Schwung**, die Schwün|ge
sechs
sechs|mal
sech|zig 6
der **See** (größeres Gewässer im Land), die Se|en
die **See** (Meer)
die **See|le**, die See|len
das **Se|gel**, die Se|gel
se|geln, du segelst
der **Se|gen**, die Se|gen
se|hen, du siehst, er sah
die **Seh|ne**, die Seh|nen
sich **seh|nen**, du sehnst dich
die **Sehn|sucht**, die Sehn|süch|te
sehr 8
seicht
ihr **seid** ◁ sein
die **Sei|de**, die Sei|den
die **Sei|fe**, die Sei|fen
das **Seil**, die Sei|le
sein, du bist, sie war
sein
seine
seiner
seit
seit|dem
die **Sei|te** (z.B. S. 3) (z.B. Buchseite), die Sei|ten
seit|her
seit|wärts
der **Sek|re|tär**, die Sek|re|tä|re
das **Sek|re|ta|ri|at**, die Sek|re|ta|ri|ate
die **Sek|re|tä|rin**, die Sek|re|tä|rin|nen
der **Sekt**
die **Sek|te**, die Sek|ten
die **Se|kun|de** (z.B. 5 s), die Se|kun|den
sel|ber
selbst
der **Selbst|laut**, die Selbst|lau|te
selbst|stän|dig – selb|stän|dig
selbst|ver|ständ|lich
se|lig
sel|ten 1
selt|sam
die **Sem|mel**, die Sem|meln
sen|den, du sendest, er sandte – sendete 4
der **Sen|der**, die Sen|der
die **Sen|dung**, die Sen|dun|gen
der **Senf**, die Sen|fe
sen|ken, du senkst

senk|recht
die **Senk|rech|te**, die Senk|rech|ten
die **Sen|sa|ti|on**, die Sen|sa|tio|nen
sen|sa|tio|nell
die **Sen|se**, die Sen|sen
sen|si|bel
der **Sep|tem|ber**
Ser|bi|en
die **Se|rie**, die Se|ri|en
die **Ser|pen|ti|ne**, die Ser|pen|ti|nen
der **Ser|vice** – das Ser|vice, die Ser|vi|ces
ser|vie|ren, du servierst
die **Ser|vi|et|te**, die Ser|vi|et|ten
der **Ses|sel**, die Ses|sel
sich **set|zen**, du setzt dich
die **Seu|che**, die Seu|chen
seuf|zen, du seufzt
das **Sham|poo**, die Sham|poos
der **She|riff**, die She|riffs
das **Shirt**, die Shirts
der **Shop**, die Shops
shop|pen, er shoppt
die **Shorts**, die Shorts
die **Show**, die Shows
sich

die **Si|chel**, die Si|cheln
si|cher
die **Si|cher|heit**, die Si|cher|hei|ten
si|cher|lich
si|chern, du sicherst
die **Si|che|rung**, die Si|che|run|gen (7)
die **Sicht**
sicht|bar
sie
das **Sieb**, die Sie|be
sie|ben, du siebst
sie|ben (2)
sie|ben|mal
sieb|zig
die **Sied|lung**, die Sied|lun|gen
der **Sieg**, die Sie|ge (6)
sie|gen, du siegst
du **siehst** ◁ sehen
das **Sig|nal**, die Sig|na|le
die **Sil|be**, die Sil|ben
das **Sil|ber**
das **Si|lo**, die Si|los
Sil|ves|ter
sie **sind**, sie waren ◁ sein
sin|gen, du singst, er sang
der **Sin|gle**, die Sin|gles
der **Sin|gu|lar**

sin|ken, es sinkt, es sank
der **Sinn**, die Sin|ne
sinn|los 3
sinn|voll
die **Sint|flut**
die **Si|re|ne**, die Si|re|nen
der **Si|rup**, die Si|ru|pe – Si|rups
die **Sit|te**, die Sit|ten
die **Si|tua|ti|on**, die Si|tua|tio|nen
sit|zen, du sitzt, sie saß 4
die **Sit|zung**, die Sit|zun|gen
die **Ska|la**, die Ska|len
der **Skan|dal**, die Skan|da|le
das **Skate|board**, die Skate|boards
das **Ske|lett**, die Ske|let|te
der **Sketch**, die Sket|che
der **Ski** – Schi, die Ski|er – Schi|er
die **Skiz|ze**, die Skiz|zen
der **Skla|ve**, die Skla|ven
die **Skla|vin**, die Skla|vin|nen
der **Skor|pi|on**, die Skor|pio|ne
der **Sla|lom**, die Sla|loms
der **Slip**, die Slips
Slo|wa|kei
Slo|we|ni|en

das **Smart|phone** – Smart Phone, die Smart|phones – Smart Phones
der **Smog**, die Smogs
das **Snow|board**, die Snow|boards
so
so|bald
die **So|cke** – der So|cken, die So|cken 5
so|dass – so dass
das **So|fa**, die So|fas
es **soff** ◁ saufen
so|fort
das **Soft|eis**
die **Soft|ware**, die Soft|wares
sie **sog** ◁ saugen
so|gar
die **Soh|le** (Schuhsohle), die Soh|len
der **Sohn**, die Söh|ne 8
die **So|lar|ener|gie**
sol|che
sol|cher
sol|ches
der **Sol|dat**, die Sol|da|ten
die **Sol|da|tin**, die Sol|da|tin|nen
die **So|le** (Salzwasser), die So|len

sol|len, du sollst
das **So|lo**, die Soli – Solos
so|mit
der **Som|mer**, die Som|mer
son|der|bar
son|dern (1)
der **Song**, die Songs
der **Sonn|abend**, die Sonn|aben|de
sonn|abends
die **Son|ne**, die Son|nen
son|nig
der **Sonn|tag**, die Sonn|ta|ge
sonn|tags
sonst
so|oft
die **Sor|ge**, die Sor|gen
sor|gen, du sorgst (1)
die **Sorg|falt**
sorg|fäl|tig
die **Sor|te**, die Sor|ten
sor|tie|ren, du sortierst
die **So|ße**, die So|ßen
der **Sound**, die Sounds
so|weit
so|wie|so
so|wohl
so|zi|al
so|zu|sa|gen

die **Spa|ghet|ti** – Spa|get|ti
spä|hen, du spähst
der **Spalt** – die Spal|te, die Spal|ten
der **Span**, die Spä|ne
die **Span|ge**, die Span|gen
Spa|ni|en
er **spann** ◁ spinnen
span|nen, du spannst
span|nend
die **Span|nung**, die Span|nun|gen (7)
spa|ren, du sparst
der **Spar|gel**, die Spar|gel
spar|sam
der **Spaß**, die Spä|ße (4)
spa|ßen, du spaßt
spa|ßig
spät
der **Spa|ten**, die Spa|ten
spä|tes|tens
der **Spatz**, die Spat|zen
spa|zie|ren, du spazierst
der **Spa|zier|gang**, die Spa|zier|gän|ge
der **Specht**, die Spech|te
der **Speck**, die Spe|cke
spe|ckig
der **Speer**, die Spee|re

die **Spei|che**, die Spei|chen

der **Spei|chel**

der **Spei|cher**, die Spei|cher

spei|chern, du speicherst

die **Spei|se**, die Spei|sen

spei|sen, du speist

die **Spen|de**, die Spen|den

spen|den, du spendest 3

der **Sper|ling**, die Sper|lin|ge

die **Sper|re**, die Sper|ren

sper|ren, du sperrst

sich **spe|zia|li|sie|ren**, du spezialisierst dich

die **Spe|zia|li|tät**, die Spe|zia|li|tä|ten

spe|zi|ell

spi|cken, du spickst

der **Spick|zet|tel**, die Spick|zet|tel

der **Spie|gel**, die Spie|gel

spie|geln, du spiegelst

das **Spiel**, die Spie|le

spie|len, du spielst 2

der **Spieß**, die Spie|ße

der **Spi|nat** 8

die **Spin|ne**, die Spin|nen

spin|nen, du spinnst, er spann

spio|nie|ren, du spionierst

die **Spi|ra|le**, die Spi|ra|len

der **Spi|ri|tus**

spitz

die **Spit|ze**, die Spit|zen

der **Spit|zel**, die Spit|zel

spit|zen, du spitzt 5

der **Spit|zer**, die Spit|zer

der **Split|ter**, die Split|ter

split|tern, es splittert

der **Spon|sor**, die Spon|so|ren

die **Spon|so|rin**, die Spon|so|rin|nen

spon|tan

der **Sport**

sport|lich

der **Spot** (Werbespot), die Spots

der **Spott** (Gemeinheit)

spot|ten, du spottest

spöt|tisch

sie **sprach** ◁ sprechen

die **Spra|che**, die Spra|chen

sprach|lich

sprach|los

er **sprang** ◁ springen

das **Spray**, die Sprays

spre|chen, du sprichst, sie sprach

spren|gen, du sprengst

du **sprichst** ◁ sprechen

das **Sprich|wort**, die Sprich|wör|ter
sprin|gen, du springst, er sprang
der **Sprit**
die **Sprit|ze**, die Sprit|zen
sprit|zen, du spritzt
sprö|de
der **Spross**, die Spros|se
die **Spros|se**, die Spros|sen
der **Spruch**, die Sprü|che
der **Spru|del**, die Spru|del
sprü|hen, du sprühst
der **Sprung**, die Sprün|ge 6
die **Spu|cke**
spu|cken, du spuckst
der **Spuk**
spu|ken, es spukt
spü|len, du spülst
die **Spur**, die Spu|ren 7
spü|ren, du spürst
spur|los
der **Spurt**, die Spurts
spur|ten, du spurtest
der **Staat**, die Staa|ten
staat|lich
der **Stab**, die Stä|be 6
sta|bil
sie **stach** ◁ stechen
der **Sta|chel**, die Sta|cheln
sta|che|lig – stach|lig
das **Sta|di|on**, die Sta|di|en
die **Stadt**, die Städ|te
städ|tisch
die **Staf|fel**, die Staf|feln
der **Stahl**, die Stäh|le
er **stahl** ◁ stehlen
der **Stall**, die Stäl|le
der **Stamm**, die Stäm|me 3
stam|men, du stammst
stam|meln, du stammelst
stamp|fen, du stampfst
der **Stand**, die Stän|de
sie **stand** ◁ stehen
der **Stan|dard**, die Stan|dards
der **Stän|der**, die Stän|der
stän|dig
die **Stan|ge**, die Stan|gen
der **Stän|gel**, die Stän|gel
es **stank** ◁ stinken
der **Sta|pel**, die Sta|pel
sta|peln, du stapelst
stap|fen, du stapfst
der **Star** (Vogel), die Sta|re
der **Star** (z.B. Filmstar), die Stars
er **starb** ◁ sterben
stark, stärker, am stärksten 4

die **Stär|ke**, die Stär|ken

stär|ker, am stärksten ◁ stark

starr

star|ren, du starrst

der **Start**, die Starts

star|ten, du startest

die **Sta|ti|on**, die Sta|tio|nen

statt

statt|des|sen

statt|fin|den, es findet statt, es fand statt

statt|lich

die **Sta|tue**, die Sta|tu|en

der **Stau**, die Staus

der **Staub**

stau|ben, es staubt

stau|big

die **Stau|de**, die Stau|den

sich **stau|en**, es staut sich

stau|nen, du staunst

das **Steak**, die Steaks

ste|chen, du stichst, sie stach

ste|cken, du steckst

der **Ste|cker**, die Ste|cker

der **Steg**, die Ste|ge (6)

ste|hen, du stehst, sie stand

steh|len, du stiehlst, er stahl (8)

steif

stei|gen, du steigst, sie stieg

stei|gern, du steigerst

steil

der **Stein**, die Stei|ne

der **Stein|bock**, die Stein|bö|cke

stei|nig

die **Stel|le**, die Stel|len

stel|len, du stellst (5)

stell|ver|tre|tend

die **Stel|ze**, die Stel|zen

stem|men, du stemmst

der **Stem|pel**, die Stem|pel

die **Step|pe**, die Step|pen

ster|ben, du stirbst, er starb

der **Stern**, die Ster|ne

die **Stern|schnup|pe**, die Stern|schnup|pen

stets

das **Steu|er** (z.B. Lenkrad), die Steu|er

die **Steu|er** (z.B. Mehrwertsteuer), die Steu|ern

steu|ern, du steuerst

der **Stich**, die Sti|che

du **stichst** ◁ stechen

sti|cken, du stickst
der **Sti|cker**, die Sti|cker
sti|ckig
der **Stie|fel**, die Stie|fel 2
die **Stief|el|tern**
sie **stieg** ◁ steigen
du **stiehlst** ◁ stehlen
der **Stiel** (z.B. Besenstiel), die Stie|le
der **Stier**, die Stie|re
er **stieß** ◁ stoßen
der **Stift**, die Stif|te
der **Stil** (z.B. Musikstil), die Sti|le
still
die **Stil|le**
die **Stim|me**, die Stim|men 4
stim|men, es stimmt
die **Stim|mung**, die Stim|mun|gen
stin|ken, es stinkt, es stank
du **stirbst** ◁ sterben
die **Stirn** – Stir|ne, die Stir|nen
stö|bern, du stöberst
sto|chern, du stocherst
der **Stock**, die Stö|cke
das **Stock|werk**, die Stock|wer|ke
der **Stoff**, die Stof|fe
stöh|nen, du stöhnst
der **Stol|len**, die Stol|len
stol|pern, du stolperst
der **Stolz**
stolz
stol|zie|ren, du stolzierst
STOP (auf Verkehrsschildern)
stop|fen, du stopfst
der **Stopp**, die Stopps
die **Stop|pel**, die Stop|peln
stop|pen, du stoppst 5
der **Stöp|sel**, die Stöp|sel
der **Storch**, die Stör|che
stö|ren, du störst 4
stör|risch
die **Stö|rung**, die Stö|run|gen
die **Sto|ry**, die Sto|rys
der **Stoß**, die Stö|ße
sto|ßen, du stößt, er stieß
stot|tern, du stotterst
straf|bar
die **Stra|fe**, die Stra|fen
der **Strahl**, die Strah|len
strah|len, du strahlst
die **Strah|lung**, die Strah|lun|gen 7
die **Sträh|ne**, die Sträh|nen
stramm
stram|peln, du strampelst

der **Strand**, die Strän|de ⑥
die **Stra|pa|ze**, die Stra|pa|zen
die **Stra|ße**, die Stra|ßen
die **Stra|te|gie**, die Stra|te|gi|en
sich **sträu|ben**, du sträubst dich
der **Strauch**, die Sträu|cher
der **Strauß** (Vogel), die Strau|ße
der **Strauß** (z.B. Blumenstrauß), die Sträu|ße
stre|ben, du strebst
die **Stre|cke**, die Stre|cken
sich **stre|cken**, du streckst dich
der **Street|ball**
der **Streich**, die Strei|che
strei|cheln, du streichelst
strei|chen, du streichst, er strich ②
der **Strei|fen**, die Strei|fen
strei|fen, du streifst
der **Streik**, die Streiks
strei|ken, du streikst
der **Streit**, die Strei|te
strei|ten, du streitest, sie stritt
streng
der **Stress**
stres|sig ③
streu|en, du streust
streu|nen, du streunst

der **Strich**, die Stri|che
er **strich** ◁ streichen
der **Strick**, die Stri|cke
stri|cken, du strickst
sie **stritt** ◁ streiten
das **Stroh**
der **Strolch**, die Strol|che
der **Strom**, die Strö|me ④
strö|men, es strömt
die **Strö|mung**, die Strö|mun|gen
die **Stro|phe**, die Stro|phen
strub|be|lig – strubb|lig
der **Stru|del**, die Stru|del
die **Struk|tur**, die Struk|tu|ren
der **Strumpf**, die Strümp|fe
strup|pig
die **Stu|be**, die Stu|ben
das **Stück**, die Stü|cke
der **Stu|dent**, die Stu|den|ten
die **Stu|den|tin**, die Stu|den|tin|nen
stu|die|ren, du studierst
das **Stu|dio**, die Stu|di|os
das **Stu|di|um**, die Stu|di|en
die **Stu|fe**, die Stu|fen
der **Stuhl**, die Stüh|le ⑧
stumm
stumpf

die **Stun|de** (h), die Stun|den
stünd|lich
stur
der **Sturm**, die Stür|me
stür|men, es stürmt
der **Stür|mer**, die Stür|mer
die **Stür|me|rin**,
die Stür|me|rin|nen
stür|misch
der **Sturz**, die Stür|ze
stür|zen, du stürzt
die **Stu|te**, die Stu|ten
die **Stüt|ze**, die Stüt|zen
stut|zen, du stutzt
stüt|zen, du stützt
stut|zig
das **Sty|ro|por** ❽
das **Sub|jekt**, die Sub|jek|te
das **Subs|tan|tiv**,
die Subs|tan|ti|ve
die **Subs|tanz**, die Subs|tan|zen
sub|tra|hie|ren,
du subtrahierst
die **Sub|trak|ti|on**,
die Sub|trak|tio|nen
die **Su|che**, die Su|chen
su|chen, du suchst ❹
die **Sucht**, die Süch|te
süch|tig ❻

der **Sü|den**
süd|lich
die **Sum|me**, die Sum|men
sum|men, du summst
der **Sumpf**, die Sümp|fe
die **Sün|de**, die Sün|den
sün|di|gen, du sündigst
su|per ❶
der **Su|per|markt**,
die Su|per|märk|te
die **Sup|pe**, die Sup|pen
sur|fen, du surfst
süß
die **Sü|ßig|keit**,
die Sü|ßig|kei|ten
süß|lich ❸
das **Sweat|shirt**, die Sweat|shirts
der **Swim|ming|pool**,
die Swim|ming|pools
das **Sym|bol**, die Sym|bo|le
die **Sym|met|rie**,
die Sym|met|ri|en
sym|met|risch
sym|pa|thisch
die **Sy|na|go|ge**,
die Sy|na|go|gen
das **Sys|tem**, die Sys|te|me ❽
sys|te|ma|tisch
die **Sze|ne**, die Sze|nen

T

t (Tonne)
der **Ta|bak** ⑦
die **Ta|bel|le**, die Ta|bel|len
das **Tab|lett**, die Tab|letts
die **Tab|let|te**, die Tab|let|ten ⑤
der **Ta|cho**, die Ta|chos
der **Ta|del**, die Ta|del ②
ta|del|los
die **Ta|fel**, die Ta|feln
der **Tag**, die Ta|ge
ta|ge|lang ②
täg|lich
der **Takt**, die Tak|te
takt|los
takt|voll
das **Tal**, die Tä|ler
das **Ta|lent**, die Ta|len|te
ta|len|tiert
die **Talk|show**, die Talk|shows
der **Tank**, die Tanks
tan|ken, du tankst
die **Tan|ne**, die Tan|nen ⑤
die **Tan|te**, die Tan|ten
der **Tanz**, die Tän|ze
tan|zen, du tanzt
der **Tän|zer**, die Tän|zer
die **Tän|ze|rin**, die Tän|ze|rin|nen
das **Tape** – der Tape, die Tapes
die **Ta|pe|te**, die Ta|pe|ten ①
ta|pe|zie|ren, du tapezierst
tap|fer
sich **tar|nen**, du tarnst dich
die **Tar|nung**, die Tar|nun|gen
die **Ta|sche**, die Ta|schen
die **Tas|se**, die Tas|sen
die **Tas|ta|tur**, die Tas|ta|tu|ren
die **Tas|te**, die Tas|ten
tas|ten, du tastest
die **Tat**, die Ta|ten
er **tat** ◁ tun
tä|tig ④
die **Tä|tig|keit**, die Tä|tig|kei|ten
die **Tat|sa|che**, die Tat|sa|chen
tat|säch|lich
die **Tat|ze**, die Tat|zen
das **Tau** (Seil), die Taue
der **Tau** (Morgentau)
taub
die **Tau|be**, die Tau|ben ⑦
tau|chen, du tauchst
tau|en, es taut
die **Tau|fe**, die Tau|fen

tau|fen, du wirst getauft
tau|gen, es taugt
tau|meln, du taumelst
tau|schen, du tauschst
täu|schen, du täuschst
die **Täu|schung**, die Täu|schun|gen
tau|send (6)
das **Ta|xi**, die Ta|xis
das **Team**, die Teams
die **Tech|nik**, die Tech|ni|ken
tech|nisch
die **Tech|no|lo|gie**, die Tech|no|lo|gi|en
tech|no|lo|gisch
der **Ted|dy**, die Ted|dys
der **Tee**, die Tees
der **Teen|ager**, die Teen|ager
der **Teer** (8)
der **Teich**, die Tei|che
der **Teig**, die Tei|ge
der **Teil** – das Teil, die Tei|le
teil|bar
tei|len, du teilst
die **Teil|nah|me**, die Teil|nah|men
teil|neh|men, du nimmst teil, er nahm teil
teils
teil|wei|se
das **Te|le|fon**, die Te|le|fo|ne (1)
te|le|fo|nie|ren, du telefonierst
der **Tel|ler**, die Tel|ler (2)
der **Tem|pel**, die Tem|pel
das **Tem|pe|ra|ment**, die Tem|pe|ra|men|te
die **Tem|pe|ra|tur**, die Tem|pe|ra|tu|ren
das **Tem|po**, die Tem|pos – Tem|pi
die **Ten|denz**, die Ten|den|zen
das **Ten|nis** (5)
der **Tep|pich**, die Tep|pi|che
der **Ter|min**, die Ter|mi|ne
die **Ter|ras|se**, die Ter|ras|sen
der **Ter|ro|ris|mus**
der **Ter|ro|rist**, die Ter|ro|ris|ten
die **Ter|ro|ris|tin**, die Ter|ro|ris|tin|nen
der **Test**, die Tests – Tes|te
das **Tes|ta|ment**, die Tes|ta|men|te
tes|ten, du testest
teu|er
der **Teu|fel**, die Teu|fel
die **Teu|fe|lin**, die Teu|fe|lin|nen
der **Text**, die Tex|te

das **Thea|ter**, die Thea|ter 7
die **The|ke**, die The|ken
das **The|ma**, die The|men
theo|re|tisch
die **Theo|rie**, die Theo|ri|en
die **The|ra|pie**, die The|ra|pi|en
das **Ther|mo|me|ter**, die Ther|mo|me|ter
die **Ther|mos|fla|sche**, die Ther|mos|fla|schen
der **Thron**, die Thro|ne
Thü|rin|gen
ti|cken, es tickt
das **Ti|cket**, die Ti|ckets 6
tief
die **Tie|fe**, die Tie|fen
das **Tier**, die Tie|re
der **Ti|ger**, die Ti|ger 8
die **Tin|te**, die Tin|ten
der **Tipp**, die Tipps
tip|pen, du tippst
tipp|topp
der **Tisch**, die Ti|sche 1
die **Tisch|le|rei**, die Tisch|le|rei|en
der **Ti|tel**, die Ti|tel
der **Toast**, die Toasts – Toas|te
to|ben, du tobst
die **Toch|ter**, die Töch|ter
der **Tod**, die To|de
töd|lich
tod|si|cher
der **To|fu**
das **To|hu|wa|bo|hu**, die To|hu|wa|bo|hus
die **Toi|let|te**, die Toi|let|ten
to|le|rant
die **To|le|ranz**
toll 2
tol|len, du tollst 5
der **Toll|patsch**, die Toll|pat|sche
die **Toll|wut**
die **To|ma|te**, die To|ma|ten
die **Tom|bo|la**, die Tom|bo|las
der **Ton**, die Tö|ne
tö|nen, es tönt
die **Ton|ne** (z.B. 12 t), die Ton|nen
das **Top**, die Tops
der **Topf**, die Töp|fe 7
top|fit
das **Tor**, die To|re
tö|richt
tor|keln, du torkelst
der **Tor|nis|ter**, die Tor|nis|ter
die **Tor|te**, die Tor|ten
die **Tor|tel|li|ni**

der **Tor|wart**, die Tor|war|te
die **Tor|war|tin**,
die Tor|war|tin|nen
tot ⑥
to|tal
der **To|te**, die To|ten
die **To|te**, die To|ten
tö|ten, du tötest
sich **tot|la|chen**,
du lachst dich tot
der **Touch|screen**,
die Touch|screens
die **Tour**, die Tou|ren
der **Tou|rist**, die Tou|ris|ten
die **Tou|ris|tin**,
die Tou|ris|tin|nen
tra|ben, du trabst
die **Tracht**, die Trach|ten
er **traf** ◁ treffen
die **Tra|di|ti|on**,
die Tra|di|tio|nen
tra|di|tio|nell
trä|ge ④
tra|gen, du trägst, sie trug
du **trägst** ◁ tragen
trai|nie|ren, du trainierst
das **Trai|ning**, die Trai|nings
der **Trak|tor**, die Trak|to|ren
tram|peln, du trampelst

das **Tram|po|lin**,
die Tram|po|lins –
Tram|po|li|ne
die **Trä|ne**, die Trä|nen
sie **trank** ◁ trinken
der **Trans|port**, die Trans|por|te
trans|por|tie|ren,
du transportierst
das **Tra|pez**, die Tra|pe|ze
er **trat** ◁ treten ⑥
die **Trau|be**, die Trau|ben
sich **trau|en**, du traust dich
die **Trau|er**
trau|ern, du trauerst
der **Traum**, die Träu|me
träu|men, du träumst
trau|rig
die **Trau|ung**, die Trau|un|gen
der **Tre|cker**, die Tre|cker
tref|fen, du triffst, er traf
trei|ben, du treibst, sie trieb
der **Trend**, die Trends
tren|nen, du trennst
die **Trep|pe**, die Trep|pen
der **Tre|sor**, die Tre|so|re
tre|ten, du trittst, er trat
treu ②
die **Tri|an|gel**, die Tri|an|geln
die **Tri|bü|ne**, die Tri|bü|nen

der **Trich|ter**, die Trich|ter
der **Trick**, die Tricks
sie **trieb** ◁ treiben
du **triffst** ◁ treffen
das **Tri|kot**, die Tri|kots 7
trin|ken, du trinkst, sie trank
trip|peln, du trippelst
der **Tritt**, die Trit|te 5
du **trittst** ◁ treten
der **Tri|umph**, die Tri|um|phe
tri|um|phie|ren, du triumphierst
tro|cken
trock|nen, es trocknet
trö|deln, du trödelst
die **Trom|mel**, die Trom|meln 5
die **Trom|pe|te**, die Trom|pe|ten 1
die **Tro|pen**
tröp|feln, es tröpfelt
der **Trop|fen**, die Trop|fen
trop|fen, es tropft
der **Trost**
trös|ten, du tröstest
der **Trotz** 7
trotz|dem
trot|zig
trüb 6
der **Tru|bel**
sie **trug** ◁ tragen
die **Tru|he**, die Tru|hen
die **Trüm|mer**
die **Trup|pe**, die Trup|pen
der **Trut|hahn**, die Trut|häh|ne
Tsche|chi|en
tschüs – tschüss
das **T-Shirt**, die T-Shirts
der **Tsu|na|mi**, die Tsu|na|mis
die **Tu|be**, die Tu|ben
das **Tuch**, die Tü|cher
tüch|tig
tü|ckisch
tüf|teln, du tüftelst
die **Tul|pe**, die Tul|pen
sich **tum|meln**, du tummelst dich
der **Tu|mor**, die Tu|mo|re
der **Tüm|pel**, die Tüm|pel
der **Tu|mult**, die Tu|mul|te
tun, du tust, er tat
der **Tun|nel**, die Tun|nel – Tun|nels 2
tup|fen, du tupfst
die **Tür**, die Tü|ren
die **Tur|bi|ne**, die Tur|bi|nen
die **Tür|kei**
tür|kis
der **Turm**, die Tür|me
tur|nen, du turnst

das **Tur|nier**, die Tur|nie|re
die **Tu|sche**, die Tu|schen
tu|scheln, du tuschelst
die **Tü|te**, die Tü|ten
tu|ten, es tutet
der **TÜV**
das **TV**
der **Typ**, die Ty|pen 8
ty|pisch

U

die **U-Bahn**, die U-Bah|nen
übel
die **Übel|keit**
üben, du übst
über
über|all
über|flüs|sig
über|haupt
über|le|gen, du überlegst
über|mor|gen
der **Über|mut**
über|mü|tig
über|que|ren, du überquerst
die **Über|ra|schung**, die Über|ra|schun|gen
die **Über|schwem|mung**, die Über|schwem|mun|gen
über|set|zen, du übersetzt 3
über|sicht|lich
üb|lich
das **U-Boot**, die U-Boo|te
üb|rig
üb|ri|gens
die **Übung**, die Übun|gen
das **Ufer**, die Ufer
das **Ufo**, die Ufos
die **Uhr**, die Uh|ren
der **Uhu**, die Uhus
ul|kig
die **Ul|me**, die Ul|men
der **Ult|ra|schall**
um
um|ge|kehrt

A B C D E F G H I J K L M N O P Q R S T U V W X Y Z

um|her
um|keh|ren, du kehrst um
der **Um|laut**, die Um|lau|te
der **Um|riss**, die Um|ris|se
der **Um|schlag**, die Um|schlä|ge
um|sonst 3
um|ständ|lich
der **Um|weg**, die Um|we|ge
der **Um|welt|schutz**
die **Um|welt|ver|schmut|zung**
um|zie|hen, du ziehst um, sie zog um
der **Um|zug**, die Um|zü|ge
un|be|dingt
un|be|quem
und
un|end|lich
un|ent|schie|den
un|fair
der **Un|fall**, die Un|fäl|le
Un|garn
un|ge|fähr
das **Un|ge|heu|er**, die Un|ge|heu|er
un|ge|nü|gend
das **Un|ge|zie|fer**
un|glaub|lich
das **Un|glück**, die Un|glü|cke
un|heim|lich
die **Uni|form**, die Uni|for|men
un|in|te|res|sant
die **Uni|ver|si|tät**, die Uni|ver|si|tä|ten
das **Un|recht**
un|re|gel|mä|ßig
die **Un|ru|he**, die Un|ru|hen
un|ru|hig 6
uns
un|ser
un|se|re
un|se|res
die **Un|schuld**
un|schul|dig
un|si|cher
un|sicht|bar
der **Un|sinn**
un|sin|nig
un|ten
un|ter
die **Un|ter|bre|chung**, die Un|ter|bre|chun|gen 3
un|ter|ei|nan|der
die **Un|ter|füh|rung**, die Un|ter|füh|run|gen
sich **un|ter|hal|ten**, du unterhältst dich, sie unterhielt sich

du **un|ter|hältst** dich ◁ sich unterhalten

sie **un|ter|hielt** sich ◁ sich unterhalten

der **Un|ter|richt**

un|ter|rich|ten, sie unterrichtet

un|ter|schei|den, du unterscheidest, er unterschied

er **un|ter|schied** ◁ unterscheiden

der **Un|ter|schied**, die Un|ter|schie|de

un|ter|schrei|ben, du unterschreibst, er unterschrieb

er **un|ter|schrieb** ◁ unterschreiben

die **Un|ter|schrift**, die Un|ter|schrif|ten

un|ter|strei|chen, du unterstreichst, sie unterstrich

sie **un|ter|strich** ◁ unterstreichen

un|ter|stüt|zen, du unterstützt

die **Un|ter|stüt|zung**, die Un|ter|stüt|zun|gen

die **Un|ter|su|chung**, die Un|ter|su|chun|gen

un|ter|su|chen, du untersuchst 2

un|ter|wegs

un|ver|schämt

das **Un|wet|ter**, die Un|wet|ter

un|zäh|lig

ur|alt

der **Ura|nus**

die **Ur|groß|el|tern** 3

die **Ur|groß|mut|ter**, die Ur|groß|müt|ter

der **Ur|groß|va|ter**, die Ur|groß|vä|ter

der **Urin**

die **Ur|kun|de**, die Ur|kun|den

der **Ur|laub**, die Ur|lau|be

die **Ur|sa|che**, die Ur|sa|chen

ur|sprüng|lich

ur|tei|len, du urteilst

der **Ur|wald**, die Ur|wäl|der

die **USA**

der **USB-Stick**, die USB-Sticks

usw. (und so weiter)

die **UV-Strah|len**

V

V (Volt)
va|ge
die **Va|gi|na**, die Va|gi|nen
der **Vam|pir**, die Vam|pi|re
die **Va|nil|le** 7
die **Va|ri|an|te**, die Va|ri|an|ten
die **Va|se**, die Va|sen 8
der **Va|ter**, die Vä|ter 2
ve|ge|ta|risch
das **Veil|chen**, die Veil|chen 7
das **Ven|til**, die Ven|ti|le
der **Ven|ti|la|tor**, die Ven|ti|la|to|ren
die **Ve|nus**
sich **ver|ab|re|den**, du verabredest dich
sich **ver|ab|schie|den**, du verabschiedest dich
ver|ach|ten, du verachtest
ver|än|dern, du veränderst
die **Ve|ran|da**, die Ve|ran|den
ver|an|stal|ten, du veranstaltest
ver|ant|wort|lich
die **Ver|ant|wor|tung**
das **Verb**, die Ver|ben 8
der **Ver|band**, die Ver|bän|de
er **ver|band** ◁ verbinden
er **ver|barg** ◁ verbergen
ver|ber|gen, du verbirgst, er verbarg
ver|bes|sern, du verbesserst
die **Ver|bes|se|rung**, die Ver|bes|se|run|gen
ver|bie|ten, du verbietest, sie verbot
ver|bin|den, du verbindest, er verband 3
du **ver|birgst** ◁ verbergen
das **Ver|bot**, die Ver|bo|te 6
sie **ver|bot** ◁ verbieten
er **ver|brann|te** ◁ verbrennen
das **Ver|bre|chen**, die Ver|bre|chen
ver|bren|nen, du verbrennst, er verbrannte
die **Ver|bren|nung**, die Ver|bren|nun|gen
der **Ver|dacht**, die Ver|dach|te – Ver|däch|te
ver|däch|ti|gen, du verdächtigst

A B C D E F G H I J K L M N O P Q R S T U V W X Y Z

ver|dammt
ver|dan|ken, du verdankst (2)
es **ver|darb** ◁ verderben
ver|dau|en, du verdaust
die **Ver|dau|ung**
ver|der|ben, es verdirbt, es verdarb
ver|die|nen, du verdienst
der **Ver|dienst**, die Ver|diens|te
es **ver|dirbt** ◁ verderben
ver|duns|ten, es verdunstet
ver|dutzt
ver|eh|ren, du verehrst
der **Ver|ein**, die Ver|ei|ne
ver|ein|ba|ren, du vereinbarst
ver|fas|sen, du verfasst
die **Ver|fas|sung**, die Ver|fas|sun|gen (7)
ver|fau|len, es verfault
ver|flixt (6)
ver|fol|gen, du verfolgst
er **ver|gab** ◁ vergeben
die **Ver|gan|gen|heit** (7)
sie **ver|gaß** ◁ vergessen
ver|ge|ben, du vergibst, er vergab (2)
ver|geb|lich
ver|ges|sen, du vergisst, sie vergaß
ver|gess|lich
du **ver|gibst** ◁ vergeben
du **ver|gisst** ◁ vergessen
ver|glei|chen, du vergleichst, sie verglich
sie **ver|glich** ◁ vergleichen
das **Ver|gnü|gen**, die Ver|gnü|gen
sich **ver|gnü|gen**, du vergnügst dich
ver|haf|ten, er verhaftet
sich **ver|hal|ten**, du verhältst dich, er verhielt sich
du **ver|hältst** dich ◁ sich verhalten
ver|heim|li|chen, du verheimlichst
ver|hei|ra|tet
ver|hext
er **ver|hielt** sich ◁ sich verhalten
ver|hin|dern, du verhinderst
sich **ver|ir|ren**, du verirrst dich
ver|kau|fen, du verkaufst (4)
der **Ver|käu|fer**, die Ver|käu|fer
die **Ver|käu|fe|rin**, die Ver|käu|fe|rin|nen

der **Ver|kehr**
ver|kehrt
sich **ver|klei|den**, du verkleidest dich (3)
ver|lan|gen, du verlangst
ver|län|gern, du verlängerst
ver|las|sen, du verlässt, er verließ (8)
du **ver|lässt** ◁ verlassen
sich **ver|lau|fen**, du verläufst dich, er verlief sich
du **ver|läufst** dich ◁ sich verlaufen
ver|lei|hen, du verleihst, sie verlieh
ver|let|zen, du verletzt
die **Ver|let|zung**, die Ver|let|zun|gen
sich **ver|lie|ben**, du verliebst dich (3)
ver|liebt
er **ver|lief** sich ◁ sich verlaufen
sie **ver|lieh** ◁ verleihen
ver|lie|ren, du verlierst, sie verlor
er **ver|ließ** ◁ verlassen
sich **ver|lo|ben**, du verlobst dich
sie **ver|lor** ◁ verlieren

die **Ver|lo|sung**, die Ver|lo|sun|gen
der **Ver|lust**, die Ver|lus|te
sich **ver|meh|ren**, sie vermehren sich
ver|mei|den, du vermeidest, sie vermied
sie **ver|mied** ◁ vermeiden
ver|mie|ten, du vermietest
ver|mis|sen, du vermisst
das **Ver|mö|gen**, die Ver|mö|gen
ver|mu|ten, du vermutest
ver|mut|lich
ver|nich|ten, du vernichtest
die **Ver|nunft**
ver|nünf|tig
ver|pa|cken, du verpackst
ver|pas|sen, du verpasst
die **Ver|pfle|gung** (7)
ver|plem|pern, du verplemperst
der **Ver|rat** (6)
ver|ra|ten, du verrätst, er verriet
du **ver|rätst** ◁ verraten
ver|rei|sen, du verreist
er **ver|riet** ◁ verraten
ver|rückt
der **Vers**, die Ver|se (2)

der **Ver|sand**
er **ver|sank** ◁ versinken
ver|säu|men, du versäumst
ver|scheu|chen,
du verscheuchst
ver|schie|den
ver|schla|fen,
du verschläfst,
er verschlief (4)
du **ver|schläfst** ◁ verschlafen
sich **ver|schlech|tern**,
du verschlechterst dich
er **ver|schlief** ◁ verschlafen
ver|schlie|ßen,
du verschließt, er verschloss
er **ver|schloss** ◁ verschließen
der **Ver|schluss**,
die Ver|schlüs|se
ver|schmitzt
die **Ver|schmut|zung** (7)
ver|schmut|zen,
du verschmutzt
sie **ver|schwand**
◁ verschwinden
ver|schwen|den,
du verschwendest
ver|schwin|den,
du verschwindest,
sie verschwand

ver|schwom|men
sich **ver|schwö|ren**,
ihr verschwört euch
das **Ver|se|hen**,
die Ver|se|hen (8)
ver|se|hent|lich
ver|sen|gen, du versengst
ver|sen|ken, du versenkst
ver|set|zen, du versetzt
die **Ver|si|che|rung**,
die Ver|si|che|run|gen
ver|sin|ken, du versinkst,
er versank
sich **ver|söh|nen**,
du versöhnst dich
die **Ver|spä|tung**,
die Ver|spä|tun|gen
das **Ver|spre|chen**,
die Ver|spre|chen
der **Ver|stand** (6)
sie **ver|stand** ◁ verstehen
ver|ständ|lich
ver|stau|chen,
du verstauchst
das **Ver|steck**, die Ver|ste|cke
ver|ste|hen, du verstehst,
sie verstand
der **Ver|such**, die Ver|su|che
ver|su|chen, du versuchst

ver|tei|di|gen, du verteidigst
ver|tei|len, du verteilst
der **Ver|trag**, die Ver|trä|ge
sich **ver|tra|gen**, du verträgst dich, er vertrug sich
du **ver|trägst** dich ◁ sich vertragen
das **Ver|trau|en**
ver|trau|en, du vertraust
ver|trau|lich
der **Ver|tre|ter**, die Ver|tre|ter
die **Ver|tre|te|rin**, die Ver|tre|te|rin|nen
er **ver|trug** sich ◁ vertragen
ver|un|glü|cken, du verunglückst 3
ver|ur|tei|len, du verurteilst
sich **ver|wan|deln**, du verwandelst dich
ver|wandt
er **ver|wand|te** ◁ verwenden
der **Ver|wand|te**, die Ver|wand|ten
die **Ver|wand|te**, die Ver|wand|ten
ver|wech|seln, du verwechselst
der **Ver|weis**, die Ver|wei|se
ver|wel|ken, es verwelkt
ver|wen|den, du verwendest, er verwandte – verwendete
ver|wirrt
ver|wit|tern, es verwittert
ver|wöh|nen, du verwöhnst
ver|wun|dert
ver|wun|det
die **Ver|wun|dung**, die Ver|wun|dun|gen
ver|zeh|ren, du verzehrst
das **Ver|zeich|nis**, die Ver|zeich|nis|se
ver|zei|hen, du verzeihst, er verzieh
ver|zich|ten, du verzichtest
er **ver|zieh** ◁ verzeihen
ver|zie|ren, du verzierst
ver|zwei|feln, du verzweifelst
der **Vet|ter**, die Vet|tern
das **Vi|deo**, die Vi|de|os
die **Vi|deo|thek**, die Vi|deo|the|ken 8
das **Vieh** 7
viel, mehr, am meisten
die **Viel|falt**
viel|fäl|tig
viel|leicht
viel|mehr

vier (2)
vier|mal
das **Vier|eck**, die Vier|ecke
das **Vier|tel**, die Vier|tel
vier|zig
die **Vil|la**, die Vil|len (5)
vio|lett
die **Vio|li|ne**, die Vio|li|nen
das **Vi|rus** – der Vi|rus, die Vi|ren
das **Vi|sum**, die Vi|sa – Vi|sen
das **Vi|ta|min**, die Vi|ta|mi|ne
der **Vi|ze|meis|ter**, die Vi|ze|meis|ter
die **Vi|ze|meis|te|rin**, die Vi|ze|meis|te|rin|nen
der **Vo|gel**, die Vö|gel
die **Vo|ka|bel**, die Vo|ka|beln
der **Vo|kal**, die Vo|ka|le
das **Volk**, die Völ|ker
Völ|ker|ball
voll (5)
Vol|ley|ball (8)
völ|lig
voll|kom|men
voll|stän|dig
voll|zäh|lig
Volt (z.B. 5 V)
vom

von
von|ei|nan|der (2)
vor
vo|ran
vo|raus
vo|raus|sicht|lich
vor|bei
vor|be|rei|ten, du bereitest vor
das **Vor|bild**, die Vor|bil|der
vor|bild|lich
der **Vor|der|grund**
vor|ei|lig
vor|erst
die **Vor|fahrt** (6)
vor|han|den
der **Vor|hang**, die Vor|hän|ge
vor|her
vor|hin
vo|rig
vor|läu|fig
die **Vor|lie|be**, die Vor|lie|ben
der **Vor|mit|tag**, die Vor|mit|ta|ge
vor|mit|tags
der **Vor|mund**, die Vor|mun|de – Vor|mün|der
vorn – vor|ne
der **Vor|na|me**, die Vor|na|men

vor|nehm
der **Vor|ort**, die Vor|or|te
der **Vor|rat**, die Vor|rä|te
der **Vor|satz**, die Vor|sät|ze
der **Vor|schlag**, die Vor|schlä|ge
die **Vor|schrift**, die Vor|schrif|ten
die **Vor|sicht**
vor|sich|tig
die **Vor|sil|be**, die Vor|sil|ben
der **Vor|stand**, die Vor|stän|de
sich **vor|stel|len**, du stellst dich vor (3)
die **Vor|stel|lung**, die Vor|stel|lun|gen (7)
der **Vor|teil**, die Vor|tei|le
vor|tra|gen, du trägst vor, er trug vor (4)
vo|rü|ber
das **Vor|ur|teil**, die Vor|ur|tei|le
die **Vor|wahl**, die Vor|wah|len
vor|wärts
der **Vor|wurf**, die Vor|wür|fe
vor|zei|tig
der **Vul|kan**, die Vul|ka|ne (8)

W

W (Watt)
die **Waa|ge**, die Waa|gen
waa|ge|recht – waag|recht
wach (2)
wa|chen, du wachst
das **Wachs**, die Wach|se
wach|sam
wach|sen, du wächst, sie wuchs
du **wäschst** ◁ waschen
das **Wachs|tum** (7)
wa|cke|lig – wack|lig (6)
wa|ckeln, du wackelst
die **Wa|de**, die Wa|den
die **Waf|fe**, die Waf|fen (5)
die **Waf|fel**, die Waf|feln
wa|ge|mu|tig
der **Wa|gen**, die Wa|gen

wa|**gen**, du wagst
der **Wag|gon** – Wa|gon, die Wag|gons – Wa|gons
wag|hal|sig
der **Wa|gon** – Wag|gon, die Wa|gons – Wag|gons
die **Wahl**, die Wah|len
wäh|len, du wählst 4
wahn|sin|nig
wahr
wäh|rend
wahr|haf|tig
die **Wahr|heit**, die Wahr|hei|ten
wahr|neh|men, du nimmst wahr, er nahm wahr 8
wahr|schein|lich
die **Wäh|rung**, die Wäh|run|gen
die **Wai|se**, die Wai|sen
der **Wal**, die Wa|le 1
der **Wald**, die Wäl|der
Wal|king
der **Wall**, die Wäl|le
die **Wal|nuss**, die Wal|nüs|se
sich **wäl|zen**, du wälzt dich
die **Wand**, die Wän|de
der **Wan|del**
wan|dern, du wanderst 2
er **wand|te** sich ◁ sich wenden
die **Wan|ge**, die Wan|gen
wan|ken, du wankst
wann
die **Wan|ne**, die Wan|nen 5
das **Wap|pen**, die Wap|pen
sie **war** ◁ sein
er **warb** ◁ werben
die **Wa|re**, die Wa|ren
sie **warf** ◁ werfen
warm, wärmer, am wärmsten 4
die **Wär|me**
wär|men, du wärmst
wär|mer, am wärmsten ◁ warm
war|nen, du warnst
du **warst** ◁ sein
war|ten, du wartest
der **Wär|ter**, die Wär|ter
die **Wär|te|rin**, die Wär|te|rin|nen
wa|rum
die **War|ze**, die War|zen
was
die **Wä|sche**, die Wä|schen
wa|schen, du wäschst, er wusch
du **wäschst** ◁ waschen
das **Was|ser**, die Was|ser – Wäs|ser

wa|ten, du watest
wat|scheln, du watschelst
Watt (z.B. 30 W)
das **Watt** (Wattenmeer)
die **Wat|te**
das **Wave|board**, die Wave|boards
das **Web**
die **Web|cam**, die Web|cams
we|ben, du webst
die **Web|site**, die Web|sites
der **Wech|sel**, die Wech|sel
das **Wech|sel|geld**
wech|seln, du wechselst
we|cken, du weckst
der **We|cker**, die We|cker 7
we|der
der **Weg**, die We|ge
weg
we|gen
we|hen, es weht
sich **weh|ren**, du wehrst dich
weh|tun – weh tun, es tut weh, es tat weh
weib|lich
weich 2
die **Wei|che**, die Wei|chen
die **Wei|de**, die Wei|den
sich **wei|gern**, du weigerst dich

der **Wei|her**, die Wei|her
Weih|nach|ten
weih|nacht|lich
weil
die **Wei|le**
der **Wein**, die Wei|ne 1
wei|nen, du weinst
wei|se
weis|ma|chen, du machst weis
weiß
du **weißt** ◁ wissen
weit
weit|aus
wei|ter
wei|ter|hin
weit|ge|hend
weit|sich|tig
der **Weit|sprung** 3
der **Wei|zen**
wel|che
wel|cher
wel|ches
welk
wel|ken, sie welkt
die **Wel|le**, die Wel|len 5
der **Wel|pe**, die Wel|pen
die **Welt**, die Wel|ten 6
das **Welt|all**

A B C D E F G H I J K L M N O P Q R S T U V W X Y Z

der **Welt|krieg**, die Welt|krie|ge
der **Welt|meis|ter**, die Welt|meis|ter ❸
die **Welt|meis|te|rin**, die Welt|meis|te|rin|nen
die **Welt|meis|ter|schaft**, die Welt|meis|ter|schaf|ten
welt|weit
wem
wen
die **Wen|de**, die Wen|den
wen|den, du wendest
sich **wen|den**, du wendest dich, er wandte sich
wen|dig
we|nig
we|nigs|tens
wenn
wer
die **Wer|bung**, die Wer|bun|gen
wer|ben, du wirbst, er warb
wer|den, es wird, sie wurde
wer|fen, du wirfst, sie warf
die **Werft**, die Werf|ten
das **Werk**, die Wer|ke ❻
die **Werk|statt**, die Werk|stät|ten
das **Werk|zeug**, die Werk|zeu|ge
wert
der **Wert**, die Wer|te
wert|voll
das **We|sen**, die We|sen
we|sent|lich
die **We|ser**
wes|halb
die **Wes|pe**, die Wes|pen
wes|sen
die **Wes|te**, die Wes|ten
der **Wes|ten**
der **Wes|tern**, die Wes|tern
west|lich
wes|we|gen
der **Wett|be|werb**, die Wett|be|wer|be
die **Wet|te**, die Wet|ten
wet|ten, du wettest ❺
das **Wet|ter**
der **Wett|kampf**, die Wett|kämp|fe
wich|tig
wi|ckeln, du wickelst
wi|der (gegen)
wi|der|le|gen, du widerlegst
wi|der|lich
sie **wi|der|rief** ◁ widerrufen
wi|der|ru|fen, du widerrufst, sie widerrief
er **wi|der|sprach** ◁ widersprechen

wi|der|spre|chen, du widersprichst, er widersprach ❸

der **Wi|der|spruch**, die Wi|der|sprü|che

der **Wi|der|stand**, die Wi|der|stän|de

der **Wi|der|wil|le** ❼

wid|men, du widmest

wie

wie|der (nochmals)

wie|der|ho|len, du wiederholst

das **Wie|der|se|hen**, die Wie|der|se|hen

wie|de|rum

die **Wie|ge**, die Wie|gen ❷

wie|gen, du wiegst, sie wog

wie|hern, es wiehert

die **Wie|se**, die Wie|sen ❷

das **Wie|sel**, die Wie|sel

wie|so

das **Wild**

wild

die **Wild|nis**, die Wild|nis|se

der **Wil|le** ❺

wil|lig

will|kom|men

will|kür|lich

du **willst** ◁ wollen

wim|meln, es wimmelt

wim|mern, du wimmerst

die **Wim|per**, die Wim|pern

der **Wind**, die Win|de

die **Win|del**, die Win|deln

win|dig

die **Wind|po|cken**

der **Win|kel**, die Win|kel

win|ke|lig – wink|lig

win|ken, du winkst

win|seln, du winselst

der **Win|ter**, die Win|ter

der **Win|zer**, die Win|zer

die **Win|ze|rin**, die Win|ze|rin|nen

win|zig

der **Wip|fel**, die Wip|fel

die **Wip|pe**, die Wip|pen

wip|pen, du wippst

wir

der **Wir|bel**, die Wir|bel

wir|beln, du wirbelst

die **Wir|bel|säu|le**, die Wir|bel|säu|len

du **wirbst** ◁ werben

es **wird** ◁ werden ❻

du **wirfst** ◁ werfen

wir|ken, du wirkst

wirk|lich
die **Wirk|lich|keit**
wirk|sam
die **Wir|kung**, die Wir|kun|gen
wirr
der **Wirr|warr**
der **Wirt**, die Wir|te
die **Wir|tin**, die Wir|tin|nen
die **Wirt|schaft**, die Wirt|schaf|ten (7)
wirt|schaf|ten, du wirtschaftest
wirt|schaft|lich
wi|schen, du wischst
wis|pern, du wisperst
wis|sen, du weißt, sie wusste
die **Wis|sen|schaft**, die Wis|sen|schaf|ten
wis|sen|schaft|lich
die **Wit|te|rung**, die Wit|te|run|gen
die **Wit|we**, die Wit|wen
der **Wit|wer**, die Wit|wer
der **Witz**, die Wit|ze
wit|zig
das **WLAN**, die WLANs
wo
wo|an|ders
wo|bei
die **Wo|che**, die Wo|chen
das **Wo|chen|en|de**, die Wo|chen|en|den
wo|chen|lang
wö|chent|lich
wo|durch
wo|für
sie **wog** ◁ wiegen
die **Wo|ge**, die Wo|gen
wo|her
wo|hin
wohl
wohl|ha|bend
woh|nen, du wohnst
wohn|lich (3)
die **Woh|nung**, die Woh|nun|gen (7)
woh|nungs|los
der **Wolf**, die Wöl|fe
die **Wol|ke**, die Wol|ken
wol|kig (2)
die **Wol|le** (5)
wol|len, du willst
wo|mit
wo|mög|lich
wo|nach
die **Won|ne**, die Won|nen
wo|ran

wo|rauf
das **World Wide Web** (WWW)
das **Wort**, die Wör|ter – Wor|te
wört|lich
wo|rü|ber
wo|von
wo|zu
das **Wrack**, die Wracks
der **Wrap**, die Wraps
sie **wuchs** ◁ wachsen
die **Wucht** (6)
wuch|tig
wüh|len, du wühlst
wund
die **Wun|de**, die Wun|den
das **Wun|der**, die Wun|der
wun|der|bar
sich **wun|dern**, du wunderst dich
wun|der|schön

der **Wunsch**, die Wün|sche
wün|schen, du wünschst
sie **wur|de** ◁ werden
der **Wurf**, die Wür|fe (2)
der **Wür|fel**, die Wür|fel
wür|feln, du würfelst
wür|gen, du würgst
der **Wurm**, die Wür|mer (7)
die **Wurst**, die Würs|te
die **Wur|zel**, die Wur|zeln
wür|zen, du würzt
wür|zig (6)
er **wusch** ◁ waschen
sie **wuss|te** ◁ wissen
wüst
die **Wüs|te**, die Wüs|ten
die **Wut**
wü|tend
WWW (World Wide Web)

X

die **X-Bei|ne**
x-mal

das **Xy|lo|fon** – Xy|lo|phon, die Xy|lo|fo|ne – Xy|lo|pho|ne (8)

Y

die **Yacht** – Jacht,
die Yach|ten – Jach|ten
das **Yak**, die Yaks
das **Yo|ga** – Jo|ga – der Yo|ga – Jo|ga
das **Yp|si|lon**, die Yp|si|lons

Z

die **Za|cke** – der Za|cken,
die Za|cken
zag|haft
zäh ❷
die **Zahl**, die Zah|len
zah|len, du zahlst
zäh|len, du zählst ❹
der **Zäh|ler**, die Zäh|ler
zahl|reich
das **Zahl|wort**, die Zahl|wör|ter
zahm
zäh|men, du zähmst
der **Zahn**, die Zäh|ne
die **Zahn|pas|ta**
die **Zan|ge**, die Zan|gen
sich **zan|ken**, du zankst dich
das **Zäpf|chen**, die Zäpf|chen
der **Zap|fen**, die Zap|fen
zap|pe|lig – zapp|lig
zap|peln, du zappelst ❺
zap|pen, du zappst
zart
zärt|lich ❸
die **Zärt|lich|keit**,
die Zärt|lich|kei|ten
zau|bern, du zauberst
der **Zaun**, die Zäu|ne ❶
z.B. (zum Beispiel)

das **Zeb|ra**, die Zeb|ras 7

der **Zeb|ra|strei|fen**, die Zeb|ra|strei|fen

die **Ze|cke**, die Ze|cken

die **Ze|he** – der Zeh, die Ze|hen

zehn

zehn|mal

das **Zei|chen**, die Zei|chen

zeich|nen, du zeichnest

die **Zeich|nung**, die Zeich|nun|gen

zei|gen, du zeigst

der **Zei|ger**, die Zei|ger

die **Zei|le**, die Zei|len

die **Zeit**, die Zei|ten

zei|tig

zeit|lich 3

die **Zeit|schrift**, die Zeit|schrif|ten

die **Zei|tung**, die Zei|tun|gen

zeit|wei|se

die **Zel|le**, die Zel|len

das **Zelt**, die Zel|te

zel|ten, du zeltest

der **Ze|ment**

zen|sie|ren, er zensiert

die **Zen|sur**, die Zen|su|ren

der **Zen|ti|me|ter** (z.B. 30 cm), die Zen|ti|me|ter

der **Zent|ner**, die Zent|ner

zent|ral

die **Zent|ra|le**, die Zent|ra|len

das **Zent|rum**, die Zent|ren

der **Zep|pe|lin**, die Zep|pe|li|ne

er **zer|brach** ◁ zerbrechen

zer|bre|chen, du zerbrichst, er zerbrach

du **zer|brichst** ◁ zerbrechen

zer|drü|cken, du zerdrückst

zer|klei|nern, du zerkleinerst

zer|knirscht

zer|knül|len, du zerknüllst

zer|rei|ßen, du zerreißt, sie zerriss

zer|ren, du zerrst

sie **zer|riss** ◁ zerreißen 5

die **Zer|rung**, die Zer|run|gen

zer|stö|ren, du zerstörst

zer|streut

der **Zet|tel**, die Zet|tel

das **Zeug** 6

der **Zeu|ge**, die Zeu|gen

die **Zeu|gin**, die Zeu|gin|nen

das **Zeug|nis**, die Zeug|nis|se

zick|zack

die **Zie|ge**, die Zie|gen 7

der **Zie|gel**, die Zie|gel

zie|hen, du ziehst, er zog

das **Ziel**, die Zie|le 2
zie|len, du zielst
ziem|lich
sich **zie|ren**, du zierst dich
zier|lich
die **Zif|fer**, die Ziffern
die **Zi|ga|ret|te**, die Zi|ga|ret|ten
die **Zi|gar|re**, die Zi|gar|ren
das **Zim|mer**, die Zim|mer
zim|per|lich
der **Zimt**
das **Zinn**
der **Zins**, die Zin|sen
der **Zip|fel**, die Zip|fel
zir|ka – circa (ca.)
der **Zir|kel**, die Zir|kel
der **Zir|kus** – Cir|cus, die Zir|kus|se – Cir|cus|se
zir|pen, es zirpt
zi|schen, du zischst
das **Zi|tat**, die Zi|ta|te
die **Zi|ther**, die Zi|thern
zi|tie|ren, du zitierst
die **Zit|ro|ne**, die Zit|ro|nen 2
zit|te|rig – zitt|rig
zit|tern, du zitterst
die **Zit|ze**, die Zit|zen
der **Zoff** 5
sich **zof|fen**, du zoffst dich

er **zog** ◁ ziehen
zö|gern, du zögerst
der **Zoll**, die Zöl|le
die **Zo|ne**, die Zo|nen
der **Zoo**, die Zoos 8
der **Zopf**, die Zöp|fe
der **Zorn**
zor|nig
zu
zu|al|ler|erst
zu|al|ler|letzt
das **Zu|be|hör**, die Zu|be|hö|re
zu|be|rei|ten, du bereitest zu
die **Zucht**, die Zuch|ten
züch|ten, du züchtest
zu|cken, du zuckst
der **Zu|cker** 7
das **Zu|cker|fest**
zu|dem
zu|ei|nan|der
zu|erst
der **Zu|fall**, die Zu|fäl|le
zu|fäl|lig
zu|frie|den
die **Zu|frie|den|heit** 3
der **Zug**, die Zü|ge 6
der **Zu|gang**, die Zu|gän|ge
zu|gäng|lich

zu|ge|ben, du gibst zu, er gab zu

der **Zü|gel**, die Zü|gel

zü|gig

zu|gleich

der **Zu|griff**, die Zu|grif|fe

zu|grun|de – zu Grun|de

zu|guns|ten – zu Guns|ten

zu|hau|se – zu Hau|se

das **Zu|hau|se**

zu|hö|ren, du hörst zu

die **Zu|kunft**

zu|künf|tig ❷

zu|las|sen, du lässt zu, sie ließ zu

zu|läs|sig

zu|letzt

zu|lie|be

zum

zu|mal

zu|meist

zu|min|dest

zu|mu|ten, du mutest zu

zu|nächst

zün|deln, du zündelst

zün|den, du zündest

zün|dend ❻

zünf|tig

die **Zun|ge**, die Zun|gen ❼

zup|fen, du zupfst

zur

sich **zu|recht|fin|den**, du findest dich zurecht, er fand sich zurecht

zu|rück

zu|rück|ge|ben, du gibst zurück, sie gab zurück

zu|rück|hal|tend

zu|rück|kom|men, du kommst zurück, er kam zurück

zu|rück|zah|len, du zahlst zurück

zur|zeit

zu|sam|men

zu|sam|men|ar|bei|ten, ihr arbeitet zusammen

zu|sam|men|fas|sen, du fasst zusammen

zu|sam|men|ge|setzt

der **Zu|sam|men|hang**, die Zu|sam|men|hän|ge

zu|sätz|lich

der **Zu|schau|er**, die Zu|schau|er

die **Zu|schaue|rin**, die Zu|schaue|rin|nen

zu|se|hen, du siehst zu, sie sah zu
der **Zu|stand**, die Zu|stän|de
zu|stän|dig
zu|stim|men, du stimmst zu
die **Zu|tat**, die Zu|ta|ten
sich **zu|trau|en**, du traust dir zu
zu|trau|lich
zu|ver|läs|sig
zu|wi|der
der **Zwang**, die Zwän|ge
er **zwang** ◁ zwingen
sich **zwän|gen**, du zwängst dich
zwangs|läu|fig
zwan|zig 6
zwar
der **Zweck**, die Zwe|cke
zweck|los
zwei
zwei|ei|ig
der **Zwei|fel**, die Zwei|fel
zwei|fel|haft
zwei|fel|los 3
zwei|feln, du zweifelst
der **Zweig**, die Zwei|ge
zwei|mal
der **Zwerg**, die Zwer|ge
die **Zwetsch|ge** – Zwet|sche, die Zwetsch|gen – Zwet|schen
zwi|cken, du zwickst
der **Zwie|back**, die Zwie|ba|cke – Zwie|bä|cke 2
die **Zwie|bel**, die Zwie|beln 7
der **Zwil|ling**, die Zwil|lin|ge
zwin|gen, du zwingst, er zwang
der **Zwin|ger**, die Zwin|ger
zwin|kern, du zwinkerst
zwi|schen
zwi|schen|durch
zwit|schern, er zwitschert
zwölf
zwölf|mal
der **Zy|lin|der**, die Zy|lin|der 8
Zy|pern

Tipps zum richtigen Schreiben

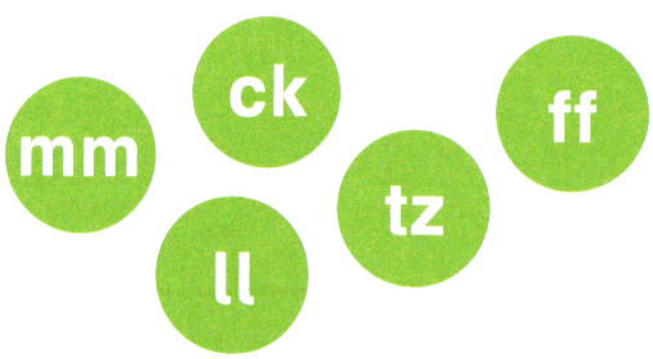

1 Wobei mir deutliches Sprechen und genaues Hinhören helfen können

Bei vielen Wörtern hilft mir genaues Hinhören und deutliches Sprechen.

O M A

W A L

D O S E

T E L E F O N

Es gibt Wörter, in denen ein Laut sich aus mehreren Buchstaben zusammensetzt.

M AU S

T O PF

B EI N

F I SCH

Probiere den Tipp 1 selbst aus.

1. Male für jeden Laut, den du bei deutlichem Sprechen hörst, einen Punkt. Mache es so:

• • • •

2. Zerlege die Wörter in ihre einzelnen Laute. Schreibe es so auf:

ROSE = R O S E
• • • •

Tomate • Zopf • Banane • Tisch • Blume • Dach • Flasche • Baum

3. Wie viele Laute hörst du? Male für jeden Laut einen Punkt und schreibe die Buchstaben darüber.

4. Suche fünf Wörter im Findefix, die mit 1 gekennzeichnet sind. Schreibe die Wörter auf. Sprich sie einem anderen Kind deutlich vor. Wie viele Laute hört das Kind?

2 Wie ich Silben nutzen kann

Ba na ne

Ich kann Silben klatschen, mit den Armen schwingen, gehen, schnipsen, …

In jeder Silbe steckt ein Vokal. Das ist immer so.

Ba na ne   Frosch

sie ben   Gur ke

Silben, die mit einem Vokal enden:

Tü te   Au to

Wie ge   Kä se

Brei te   Bie ne

offene Silben

Silben, die mit einem Konsonanten enden:

ras seln   Frosch

käm men   Gar ten

Kof fer   Zug

geschlossene Silben

Probiere den Tipp 2 selbst aus.

1. Silben kannst du klatschen, mit den Armen schwingen, gehen, mit den Fingern zählen, schnipsen, …
Probiere mit den folgenden Wörtern, was bei dir am besten klappt:

Fledermaus • Palme • Fisch • Indianer • Ritter • Gabelstapler

2. • Suche dir zehn lange Wörter aus dem Findefix aus.
   • Schreibe sie auf Wortkarten.
   • Sprich die Wörter in Silben und zeichne dabei Silbenbögen darunter.
   • Zerschneide die Wörter in Silben und markiere dann die Vokale.
   • Ordne die Silben in offene und geschlossene Silben.

3. Suche dir eine Partnerin oder einen Partner. Mischt die Wortteile aus Aufgabe 2. Fertig ist das Silbenpuzzle.

4. Welche Vokale fehlen? Schreibe die Wörter vollständig auf.

das T_l_f_n
die Pr_nz_ss_n
die S_ß_gk__t_n

der S_pp_nt_ll_r
der F_ßb_ll
der H__t_sch

der K_f_r
der Sch_k_k_ch_n
das P__s_nbr_t

5. Ordne die Wortbilder jeweils dem passenden Wort zu.

1.
2.
3.
4.

a. Fernseher • b. Kinokarte • c. Puppenhaus • d. Osterhase

6. Erfinde eigene Wortbild-Rätsel.

7. Schreibe die Silben auf Kärtchen. Setze sie dann zu Wörtern zusammen. Markiere die Doppelkonsonanten farbig.

Bag · te · Ket · krab · sen · ler · knur · men · Tel · Kis · ger · ren · beln · schwim

8. Welcher Doppelkonsonant fehlt? Schreibe die Wörter auf und zeichne die Silbenbögen ein.

ll • bb • ss • mm • dd • rr • tt • ff • tt • ss • mm • nn

die Mi ___ e	der So ___ er	der Ka ___ ee	be ___ en
das Ho ___ y	zi ___ ern	die Kla ___ er	die Gita ___ e
gewi ___ en	die Flo ___ e	kü ___ en	pa ___ eln

9. Schreibe die Silben auf Kärtchen. Setze dann zu Wörtern zusammen. Markiere das **tz** farbig.

ze · put · zen · Kat · ze · Sprit · blit · zen

Auch **tz** gehört zu den Doppelkonsonanten.

10. Schreibe die Silben auf Kärtchen. Setze dann zu Wörtern zusammen. Markiere das **ck** farbig.

So · Rö · cke · cke · lo · cker · pa · cken

Auch **ck** gehört zu den Doppelkonsonanten. Es bleibt aber immer zusammen.

11. Sprich die Wörter in Silben. Schreibe sie auf, zeichne die Silbenbögen ein und markiere das **ie**.

12. Sprich die Wörter in Silben. Entscheide, ob i oder ie fehlt. Wenn du unsicher bist, schau auf Seite 208 nach.

Schreibe die Wörter auf und zeichne Silbenbögen darunter.

die K__nder	fl__gen	der R__gel	die Sp__tze
l__gen	die P__zza	die __nsekten	n__der
h__nter	die M__te	z__hen	z__ttern

13. Schreibe die Wörter nach Wortfamilien geordnet auf. Zeichne Silbenbögen ein und markiere das **ie**.

lieb • das Sieb • umziehen • die Liebe •
gesiebt • beziehen • er liebt • erziehen •
liebevoll • sie siebt • die Siebe • die Ziehung

14. Sammle im Findefix viele Wörter, die mit 2 gekennzeichnet sind. Zerlege die Wörter in Silben und überlege, warum dir die Silben beim richtigen Schreiben helfen.

15. Suche im Findefix und in eigenen Texten weitere Wörter, bei denen der Tipp 2 hilft.

3 Wie ich Wortbausteine nutzen kann

Aus Wortbausteinen kann ich Wörter bauen.

Glück

glück lich

Un glück

un glück lich

un glück lich er

ver un glück en

Jedes Wort hat einen Wortstamm

Es gibt auch Wörter mit zwei Wortstämmen

Einige Wörter haben eine Vorsilbe

Es gibt auch Wörter mit mehreren Vorsilben

Einige Wörter haben eine Endsilbe

Manche Wörter haben mehrere Endsilben

Der Wortstamm verändert sich meistens nicht.

find en	fall en	Ge schenk
er find en	um fall en	ver schenk en
Er find ung	ver fall en	Schenk ung
Find ling	Un fall	ein schenk en
find ig	Fall tür	aus schenk en

Es gibt Wörter mit zwei Wortstämmen.

Haus tür	Uhr zeit
Arm band	Kopf tuch
Ball kleid	Tisch bein
Spiel platz	Blei stift

Das sind zusammengesetzte Wörter. Sie haben zwei Wortstämme.

Probiere den Tipp 3 selbst aus.

1. Ordne die Wortbausteine. Schreibe die Wörter auf. Markiere bei jedem Wort Wortstamm, Vorsilbe und Endsilbe.

2. Schreibe die Wörter auf. Markiere bei jedem Wort den Wortstamm.

vorkommen • giftig • trocken • Änderung • nützlich • Heizung • umfallen • vergessen • Vorsorge • ablenken

3. Finde Wörter mit dem Wortstamm |kauf|. Schreibe die Wörter auf. Vergleiche deine Wörter mit den Wörtern eines anderen Kindes.

4. Ordne die Wörter den Wortbausteinen zu.

Schreibe so auf: |kauf|en

versuchen • jung • Einbildung • riechen • unglaublich • vorstellen • Halstuch • lustig • unerträglich • ausdenken • verlaufen • Schreibtisch

4 Wobei mir Wortfamilien helfen

Wörter einer Wortfamilie haben den gleichen Wortstamm.

spiel en — Spiel erin — mit spiel en — Spiel platz — ein spiel en

Bei Wortfamilien mit h bleibt das h immer im Wortstamm.

auf steh en — Steh platz — steh en — Steh lampe — ver steh en

In manchen Wortfamilien verändert sich der Wortstamm.

Schreibe ich …

… die Hende oder die Hände?

… die Heuser oder die Häuser?

… älter oder elter?

… kelter oder kälter?

… du fängst oder du fengst?

Wenn ich nicht weiß, ob eu oder äu, suche ich einen Verwandten:

z.B. das Haus → die Häuser

Wenn ich nicht weiß, ob e oder ä, suche ich einen Verwandten:

z.B. alt → älter
fangen → du fängst

Probiere den Tipp 4 selbst aus.

1. Hier sind die Familien durcheinander geraten. Welche Wörter gehören zu einer Wortfamilie? Schreibe die Wörter nach Wortfamilien auf und markiere den Wortstamm.

Mache es so: kauf : ver|kauf|en, |kauf|en, …

Fahrrad	bauen	fahren	Bauarbeiter
mitarbeiten	Fähre	gebaut	arbeitslos
Fahrgestell	Fahrt	Verarbeitung	Gebäude
Baugerüst	Vorarbeiter	gefahren	erbaut
Arbeitswoche	Baustelle	ausfahren	Heimarbeit

2. Bilde mit den Wortbausteinen Wörter der Wortfamilie lauf .
Schreibe die Wortfamilie auf.

Schreibe es so auf: |lauf|en|

3. Überlege, wie die Wörter geschrieben werden. Suche dazu die passenden Verwandten.

Schreibe so: der Ball → die Bälle

die L ▬ nder	die M ▬ se	die W ▬ nde	die Z ▬ hne	die L ▬ se
die H ▬ hne	w ▬ rmer	▬ rmer	k ▬ lter	st ▬ rker
du l ▬ fst	l ▬ nger	du tr ▬ gst	n ▬ her	du f ▬ hrst

4. Wer passt nicht in die Wortfamilie? Schreibe nur die neun Wörter auf, die zu der Wortfamilie gehören.

käuflich • kauen • kaufen • verkaufen • Käuferin • Kaufhaus • Verkäufer • gebaut • Einkauf • gekauft • Ausverkauf • verlaufen

5 Wie ich entscheide, ob ich einen Doppelkonsonanten schreibe mm ck ll tz ff

die

die

Probiere den Tipp 5 selbst aus.

1. Ordne die Wörter in einer Tabelle nach lang und kurz gesprochenen Vokalen. Setze die fehlenden Konsonanten ein. Zeichne Silbenbögen unter jedes Wort.

der A ___ e

die Sä ___ e

die Ta ___ e

die Blu ___ e

die Fe ___ er

die Do ___ e

der Pu ___ i

die Li ___ en

—	•

2. Setze diese Konsonanten richtig ein. Schreibe die Wörter auf und markiere die Konsonanten.

nn • t • ss • l • rr • m • n • ll • s • tt • r • mm

der Wo ___ f — die Wo ___ e
die Ka ___ e — die Ka ___ te
das Zi ___ er — der Zi ___ t
pla ___ — plä ___ schern
die Ka ___ te — die Ka ___ e
der Ku ___ — die Kü ___ te

3. Entscheide, welche Buchstaben fehlen. Nutze ▬ , • und in Silben sprechen. Schreibe die Wörter richtig auf.

s oder ss: fa___en	t oder tt: re___en	b oder bb: gra___en
m oder mm: ja___ern	f oder ff: schla___en	r oder rr: ze___en
d oder dd: pu___ern	g oder gg: la___ern	n oder nn: kö___en

4. Schreibe zu jedem Wort mit Doppelkonsonant aus Aufgabe 3 fünf verwandte Wörter. Markiere die Doppelkonsonanten farbig.

5. Verlängere die Wörter, sodass sie zweisilbig werden.

Schreibe so: nett → net ter

der Kamm • straff • das Bett • fett • toll •

das Fass • komm • der Herr • voll • der Kuss

6. Richtig oder falsch? Nutze ▬ , • und in Silben sprechen. Schreibe die Wörter richtig auf.

summen	der Schlüsel	der Koffer
der Tedy	die Blumme	schälen
besser	immer	die Wane
lobben	sinngen	zottelig

In deutschen Wörtern gibt es kein **kk** und **zz**. Stattdessen verwenden wir **ck** und **tz**.

Achtung beim Trennen: **ck** bleibt immer zusammen (pa-cken). **tz** wird getrennt (Kat-ze).

7. Setze k oder ck ein. Schreibe die Wörter auf. Markiere die Konsonanten. Kontrolliere mit dem Findefix.

der La___	der Ha___en	stre___en	der Rü___en	das La___en
die So___e	zu___ern	po___ern	ki___en	

8. Setze die Silben zu Wörtern zusammen. Schreibe auf und markiere tz farbig.

pet, Krat, Sät, blit, Pil, kit, Ker, kür, Sprit

ze, ze, zer, zen, zeln, ze, zen, zer, zen

9. Schreibe alle Wörter aus den Aufgaben 7 und 8, die man trennen kann, mit einem Trennungsstrich auf: der Ha-ken, …

10. Sammle im Findefix viele Wörter, die mit 5 gekennzeichnet sind. Beweise mit Tipp 5 die Schreibung der Wörter.

11. Suche im Findefix und in eigenen Texten weitere Wörter, bei denen der Tipp 5 hilft.

6 Wobei mir das Verlängern von Wörtern hilft

der 

die 

	der Hun_	t oder d?		die Hun-de, also: der Hund
	das Hef_	t oder d?		die Hef-te, also: das Heft
	lan_	k oder g?		län-ger, also: lang
	star_	k oder g?		stär-ker, also: stark
	er hu_t	p oder b?		wir hu-pen, also: er hupt
	sie gru_	p oder b?		wir gru-ben, also: sie grub

Probiere den Tipp 6 selbst aus.

1. Überlege, welche Buchstaben fehlen. Beweise mit dem verlängerten Wort. Schreibe so: die Hor-te → der Hort. Schlage die Wörter zur Kontrolle nach.

d oder t?	die Wu■	die Han■	run■	ro■
wil■	das Lan■	gu■	das Bil■	das Gol■
g oder k?	der We■	kran■	der Krie■	blan■
sie sie■t	die Ban■	er betro■	der Zu■	er zan■t
b oder p?	lie■	der Ty■	der Kor■	hal■
sie zir■t	das Lo■	er we■t	das Kal■	der Siru■

2. Zerlege diese Wörter zuerst. Schreibe so: die Kin-der → die Kindheit

das Wan■regal dasTrü■sal die Wer■bank der Stau■sauger

3. Vervollständige die Sätze. Schreibe sie auf und nutze sie als Hilfe.

Bei Adjektiven hilft mir meist …

Bei Nomen hilft mir meist …

Bei Verben hilft mir meist …

… die erste Vergleichsstufe zu bilden.

… den Plural zu bilden.

… den Infinitiv zu bilden.

4. Sammle im Findefix zehn Wörter, die mit 6 gekennzeichnet sind. Verlängere jedes Wort. Schreibe wie bei Aufgabe 1.

5. Suche auch in eigenen Texten Wörter, bei denen Tipp 6 hilft.

7 Wie ich herausfinde, ob ich ein Wort großschreibe Aa

1 Das Wort am Satzanfang schreibe ich immer groß.

Im Herbst verlieren die Bäume ihre Blätter.
Der Junge spielt gut Tennis.
Heute kochen wir Nudeln.

2 Nomen schreibe ich immer groß.

Nomen sind …
… Namen für Menschen. → z.B. **Max**, **Dirk**, **Anne**
… Namen für Tiere. → z.B. der **Vogel**, der **Hund**, die **Ameise**
… Namen für Pflanzen. → z.B. die **Blume**, der **Busch**, der **Fisch**
… Namen für Dinge. → z.B. der **Tisch**, das **Auto**, das **Buch**
… Namen für Gedanken / Gefühle. → z.B. der **Traum** und die **Freude**
… Namen für Ereignisse. → z.B. der **Geburtstag**

Nomen erkenne ich daran, dass …
… ich einen **bestimmten Artikel oder unbestimmten Artikel** davorsetzen kann.
→ **die** Schule / **eine** Schule
… ich ein **Adjektiv** davorsetzen kann.
→ die **große** Schule

Nomen sind …
… Wörter, die auf -heit, -keit, -ung, -nis, -schaft und -tum enden, z.B. Dunkel**heit**, Freundlich**keit**, Erneuer**ung**, Wag**nis**, Freund**schaft**, Reich**tum**.
… Wörter, die im Singular und im Plural gebraucht werden, z.B. **die Blume** – **die Blumen**, **der Traum** – **die Träume**.

Probiere den Tipp 7 selbst aus.

1. Hier sind alle Wörter kleingeschrieben. Schreibe den Text richtig auf. Kreise immer das Wort am Satzanfang ein und unterstreiche alle Nomen.

> das pferd war sehr wild. es galoppierte über die wiesen. leider stand das tor offen. so konnte das pferd hinauslaufen. das war eine große aufregung. alle großen kinder wollten das pferd wieder einfangen. geschafft haben es schließlich tina und jan. da war die freude groß.

2. Schreibe alle Nomen ab. Was hat dir geholfen, die Nomen zu finden? Tausche dich mit einem anderen Kind aus.

> In der Nacht sind alle wilden Katzen unterwegs. Sie gehen auf große Mäusejagd. Aber die flinken Mäuse sind sehr geschickt. Sie verstecken sich in einer alten Mülltonne mit einem klitzekleinen Loch an der Seite. So sind die schlauen Mäuse gut geschützt und die hungrigen Katzen müssen weiterziehen.

3. Sammle Namen für Gedanken und Gefühle und schreibe sie auf.

4. Suche Wörter im Findefix mit der Nr. 7. Erkläre einem anderen Kind, warum die Wörter großgeschrieben werden.

5. Finde zu jedem Adjektiv möglichst viele Nomen.

Schreibe so auf: der alte Mann, das alte Sofa, die alten Schuhe, ...

klein groß schön wolkig

mutig schlau schrecklich wütend

8 Welche Wörter ich mir merken muss M

Hier siehst du besondere **Merkstellen**:

Probiere den Tipp 8 selbst aus. Das hilft dir beim Wörter merken:

1. Schreibe die Merkwörter bunt, **ganz groß**, klitzeklein, … auf ein Plakat. Hänge das Plakat an einer Stelle auf, wo du es oft siehst.

2. Kennzeichne die Merkstelle immer besonders:

   einkreisen: Moos unterstreichen: Luchs

   markieren: Vase nachfahren: stoßen

3. Schreibe kurze Sätze oder Unsinnsätze mit deinen Merkwörtern. Beispiel: Der Bär isst gern Käse.

4. Sortiere die Merkwörter nach dem ABC. Schreibe sie geordnet auf.

5. Schreibe die Wörter aus der Wortfamilie des Merkwortes auf. Beispiel: fahren, das Fahrrad, er fährt, gefahren …

6. Schreibe mit den Merkwörtern zusammengesetzte Wörter, z.B. Biberbau, Fußball, Höhleneingang, …

7. Suche dir eine Partnerin oder einen Partner. Diktiert euch die Merkwörter gegenseitig und kontrolliert sie mit dem Findefix.

8. Suche im Findefix Wörter, die mit Nummer 8 gekennzeichnet sind, oder Merkwörter aus deinen eigenen Texten. Wähle dazu aus den Übungen 1 bis 6 aus.

9. Richtig viel schreiben hilft. Welche Wörter möchtest du dir besonders merken? Schreibe eine ganze Zeile oder eine ganze Seite deiner Merkwörter.

9 Wie ich Zweifel nutze ?!

Gehe jedem noch so kleinen Zweifel nach.
Die Tipps können dir helfen.

Tipp

1. Wobei mir deutliches Sprechen und genaues Hinhören helfen können
2. Wie ich Silben nutzen kann
3. Wie ich Wortbausteine nutzen kann
4. Wobei mir Wortfamilien helfen
5. Wie ich entscheide, ob ich einen Doppelkonsonanten schreibe – mm ck ll tz ff
6. Wobei mir das Verlängern von Wörtern hilft
7. Wie ich herausfinde, ob ich ein Wort großschreibe – Aa
8. Welche Wörter ich mir merken muss – M
9. Wie ich Zweifel nutze – ?!
10. Wie ich im Wörterbuch nachschlage

Probiere den Tipp 9 selbst aus.

1. Fehlersuche: Sind die Wörter richtig oder falsch geschrieben?
Erkläre einem anderen Kind mit dem passenden Tipp.

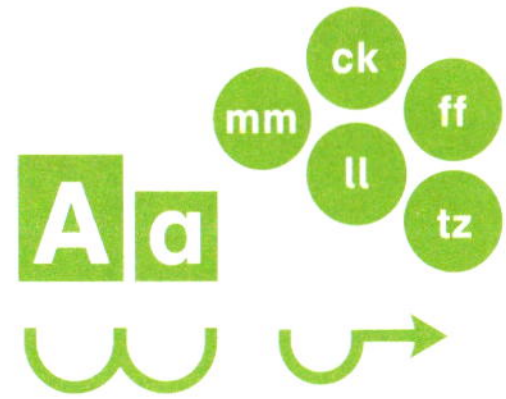

der Zettel	der Brif	das Glück
er hubt	koch	liefern
das Laub	die Krabbe	die Tatze
schwizen	hoffnung	der Rant

2. Überprüfe mit dem Findefix.

T-Shirt • Triumpf • Ypsilon

Moor • Wirus • tüpisch

3. Merke dir folgende vier Schritte und wende sie bei deinen eigenen Texten zur Überarbeitung an:

Ich lese mir meinen Text ganz langsam durch und spreche dazu. Dann lese ich ihn von hinten nach vorne durch.

Ich berichtige Fehler, die ich entdecke, sofort. Wörter, bei denen ich noch zweifle, markiere ich farbig.

Satzanfänge schreibe ich groß. Ich überprüfe das.

Ich lese den Text ein letztes Mal durch und achte nur auf die Großschreibung der Nomen.

Schreibideen-Säckchen

1. Überlege, welche Gegenstände dir auf einer Insel helfen können, Gefahren zu entgehen.
2. Suche dir mindestens fünf Gegenstände aus.
3. Schreibe die ausgewählten Gegenstände auf Wortkärtchen.
4. Lege die Kärtchen in eine Reihenfolge, die für deine Geschichte möglich sein kann. Probiere verschiedene Reihenfolgen.

Uhr — Lupe — Brille — Glocke — Tasche

5. Bastle ein Schreibideen-Säckchen und schreibe eine Geschichte dazu. Überlege dir selbst ein Thema oder wähle aus:

Kopfsprung | Beinahe wär's passiert | Schrecken in der Nacht | …

Ideennetz

1. Lege ein leeres Blatt quer auf den Tisch.
2. Schreibe in die Mitte ein Wort und umkreise es, z.B.:

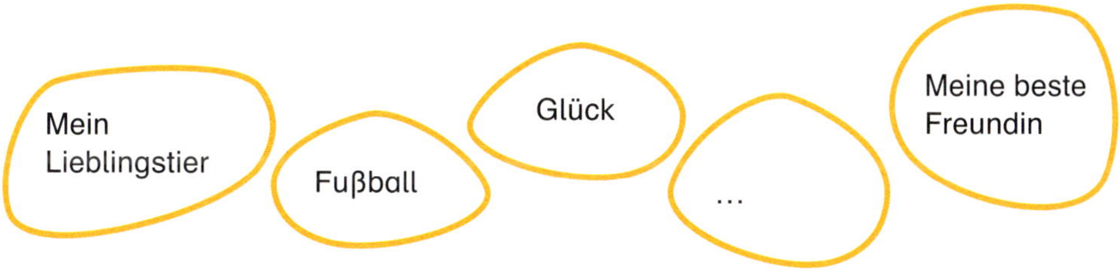

3. Schreibe um das umkreiste Wort herum alles, was dir dazu einfällt. Umkreise auch diese Notizen und verbinde sie mit der Mitte. So entsteht ein Ideennetz.

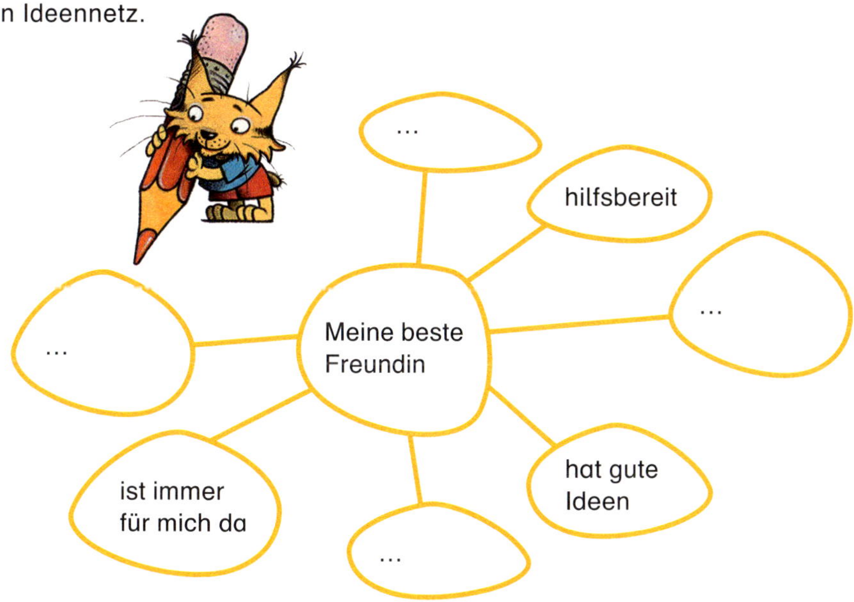

4. Schreibe weitere Ideennetze.

Kalendergeschichten

1. Welchen Monat magst du besonders gern? Schreibe auf.
2. Denke dir Wörter aus, die zu diesem Monat besonders gut passen, und schreibe sie auf.
3. Schreibe mit deinen Monatswörtern deine Monatsgeschichte.
4. Welchen Namen möchtest du deinem Monat geben? Denke dir ein zusammengesetztes Nomen mit dem Grundwort „Monat“ aus. Benutze den Namen als Überschrift für deine Monatsgeschichte, z.B.:

Halloweenmonat

Ferienmonat

Schneemonat

...monat

5. Lies deine Monatsgeschichte einem anderen Kind vor. Lass es erraten, um welchen Monat es geht.
6. Sucht passende Bilder für eure Monatsgeschichten.
7. Gestaltet einen Geschichtenkalender für die Klasse, indem ihr Bilder und Geschichten auf Fotokarton anordnet.

Bilder erzählen Geschichten

1. Sammelt Fotos oder Bilder, die euch überraschen, die ihr toll findet, über die ihr euch wundert, …
2. Bildet einen Stuhlkreis, legt die gesammelten Bilder in die Mitte.
3. Alle suchen sich jeweils ein Bild aus, zu dem sie etwas schreiben möchten.
4. Zeigt euch die ausgewählten Bilder und überlegt, welche für einen Text zusammenpassen könnten.
5. Bildet Gruppen mit nicht mehr als vier Personen. Tauscht eure Ideen aus.
6. Überlegt euch eine mögliche Überschrift. Schreibt gemeinsam einen Text.
7. Prüft, ob eure Überschrift zu eurer Geschichte passt. Wenn nicht, denkt euch eine neue Überschrift aus.

W-Fragen

1. Der Ort, in dem du lebst, ist sicher eine Geschichte wert. Überlege dir spannende Überschriften für eine mögliche Geschichte.

... -Krimi	Mein Lieblingsplatz in ...	Aufregung am ...

2. Schreibe möglichst viele Überschriften auf.
3. Tragt eure Überschriften in der Klasse / Gruppe vor.
4. Zu welcher Überschrift fällt dir am meisten ein?
   Es kann auch die Überschrift eines anderen Kindes sein.
5. Ordne deine Ideen zu einer Überschrift mithilfe der folgenden W-Fragen und mache dir Notizen.

W-Fragen

Wer erlebt / tut etwas?

Mit **wem**?

Wo genau?

Wann passiert es?

... ?

6. Denke dir weitere Fragen aus.
7. Schreibe nun deinen Text. Beantworte dabei mindestens drei Fragen.

Texte schreiben

1. Bevor du mit dem Schreiben deines Textes beginnst, nimm dir Zeit für deine Ideen.

   Du kannst …

   - ein Ideennetz anfertigen (Seite 229),
   - W-Fragen beantworten (Seite 232),
   - dir Überschriften ausdenken (Seite 232),
   - Stichwörter notieren,
   - mit einem anderen Kind Ideen austauschen,
   - im Internet recherchieren,
   - …

2. Gestalte deinen Schreibplatz so, dass du dich wohl fühlst. Wähle einen Stift, mit dem du gut und gerne schreibst.
3. Du wirst später deinen Text überarbeiten. Das erleichterst du dir, indem du entweder …
   - nur jede 2. Zeile beschreibst oder
   - das Blatt in der Mitte faltest und nur die eine Hälfte beschreibst.

Texte unter die Lupe nehmen

Mit „Textlupen“ könnt ihr in einer Gruppe Texte überarbeiten.

- Ein Textentwurf wird von mehreren Kindern gelesen.
- Jedes kann seine Meinung zu dem Text äußern, indem es sie aufschreibt.
- Das Autorenkind erhält anschließend diese Rückmeldung.
- Das Autorenkind kann frei entscheiden, wie es seinen Text überarbeitet.

Gehe so vor:

1. Bildet Gruppen mit bis zu fünf Kindern.
2. Entscheidet, welcher Text unter die Lupe genommen werden soll. Dieser wird für jedes Gruppenmitglied kopiert.
3. Jedes Gruppenmitglied liest den Text genau. Dazu erhält jedes Kind ein Blatt mit drei Fragen.

Was hat mir gut gefallen?	Wo habe ich noch Fragen?	Was schlage ich vor?
z.B. ...	z.B. ...	z.B.: Benutze die Wortfeldsammlung auf Seite 238/239.

4. Das Autorenkind bekommt seinen Text zusammen mit den ausgefüllten Blättern.
5. Das Autorenkind entscheidet, ob es Vorschläge beim Überarbeiten annehmen möchte.

Schreibkonferenz

Ein Text ist selten auf Anhieb perfekt. Auch berühmte Autoren und Autorinnen überarbeiten ihre Texte mehrfach. Dabei ist eine Schreibkonferenz ein guter Weg.

- Das Autorenkind lädt zwei Kinder seiner Wahl als Schreibberater ein.
- Das Autorenkind liest seinen Text mindestens dreimal vor.
- Nach dem ersten Vorlesen wird gefragt, was nicht verstanden wurde.

Ist alles Wichtige enthalten?

Hat der Text einen guten Schluss?

Ist alles gut verständlich?

...?

Passt die Überschrift zum Text?

Ist die Geschichte spannend?

Macht der Anfang neugierig auf den Text?

- Das Autorenkind macht sich Zeichen im Text.
- Danach liest das Autorenkind seinen Text ein zweites Mal vor. Jetzt geht es darum, die Sprache zu untersuchen. So kann man das machen: Das Autorenkind liest abschnittsweise oder so lange, bis „Stopp" gesagt und ein Verbesserungsvorschlag gemacht wird.
- Die Schreibberater lesen den Text und geben Hinweise zur Rechtschreibung.

Gehe so vor:

1. Suche dir zwei Kinder deiner Wahl, mit denen du deinen Text in einer Schreibkonferenz überarbeiten möchtest.
2. Lies deinen Text vor. Bitte darum, genau darauf zu achten, ob alles verständlich ist. Die Fragen helfen dir dabei.
3. Mach dir Zeichen an Stellen deines Textes, die du später überarbeiten möchtest.
4. Lies deinen Text noch einmal vor. Jetzt geht es um die Sprache. Bitte um sprachliche Verbesserungsvorschläge (Checkliste S. 236/237).
5. Lass alle in deinen Text sehen und bitte um Hinweise zur Rechtschreibung.

Checklisten nutzen

Du kannst …
- allein
- mit einem Partnerkind
- in einer Schreibkonferenz

… überprüfen, ob dein Text gelungen ist. Dazu eignen sich Checklisten. Die folgenden Checklisten sind Anregungen.

Mini-Checkliste

1. Ist alles verständlich?
2. Ist die Reihenfolge sinnvoll?
3. Ist die Überschrift passend?
4. Steht am Anfang das, was die Leser wissen müssen?
5. Hat der Text einen gelungenen Schluss?
6. …

Checkliste für Sachtexte

1. Ist klar, worum es geht?
2. Werden die Vorgänge oder die Sache genau beschrieben?
3. Stimmt die Reihenfolge?
4. Werden Fachbegriffe gebraucht?
5. Ist alles Wichtige gesagt?
6. Ist Unnötiges weggelassen?
7. Ist der Text im Präsens geschrieben? (s. S. 242 – 245)
8. …

Checkliste für Erzählungen

1. Macht die Überschrift neugierig?
2. Wird deutlich, wo die Erzählung spielt?
3. Kann man sich gut vorstellen, was passiert?
4. Werden die Personen vorgestellt?
5. Gibt es eine besonders spannende Stelle in der Erzählung?
6. Wird alles erzählt?
7. Wird die wörtliche Rede verwendet?
8. Werden in den Begleitsätzen unterschiedliche Verben benutzt? (s. S. 238)
9. Ist die Erzählung im Präteritum geschrieben? (s. S. 242 – 245)

Checkliste für eine Personenbeschreibung

1. Werden Einzelheiten erwähnt, z.B. Haarfarbe und -länge, Frisur, Gesichtsform, Nase, Augen, Mund, Figur, Größe, Kleidung, besondere Merkmale?
2. Sind besondere Merkmale benannt, z.B. Narbe, Muttermal?
3. Ist die Reihenfolge sinnvoll, z.B. von oben nach unten?
4. Helfen die Adjektive, sich die Person gut vorzustellen? (s.S. 239)
5. Sind treffende Wörter verwendet?
6. Ist nur das beschrieben, was man sehen kann?
7. ...

Checkliste für die sprachliche Überarbeitung

1. Wird die richtige Zeitform verwendet? (s.S. 242–245)
2. Sind die Satzanfänge abwechslungsreich? (s.S. 238/239)
3. Werden Wortwiederholungen vermieden?
4. Sind die entscheidenden Wörter treffend verwendet?
5. Werden auch Pronomen anstelle von Nomen verwendet? (s.S. 278)
6. ...

Nach Wörtern suchen: Wortfelder

lachen

grinsen, jauchzen, lächeln, prusten, gackern, kichern, sich schieflachen, strahlen, wiehern, schmunzeln

machen

erledigen, basteln, handeln, unternehmen, veranstalten, entwerfen, reparieren, fertigstellen, arbeiten, herzeigen, tun, zubereiten, ausführen, bewältigen

Satzanfänge: Gründe

darum, deshalb, daher, aus diesem Grund, andererseits, trotzdem, aber, jedoch, doch, so, kaum, dass, weil, obwohl, wenn

Präpositionen: Beschreibungen

vor, unter, hinter, neben, über, an, geradeaus, links, rechts, über, von, durch, in, im, an, am

schön

fabelhaft, himmlisch, perfekt, fantastisch, hübsch, bildschön, entzückend, lieblich, klasse, prächtig, niedlich, reizend, toll, traumhaft, prima, wunderbar, makellos, wunderschön, wundervoll, herrlich, strahlend, vollkommen, bezaubernd

dunkel

düster, finster, stockdunkel, dämmrig, schummrig, pechschwarz, trübe, stockfinster, rabenschwarz, nachtschwarz

sagen

ankündigen, verkünden, antworten, fragen, ausrichten, berichten, behaupten, benachrichtigen, beschreiben, erzählen, beteuern, brüllen, schreien, brummeln, durchsagen, ansagen, einwenden, entgegnen, erklären, erwähnen, klagen, informieren, flüstern, flehen, meinen, mitteilen, murmeln, plappern, rufen, reden, plaudern, flüstern, schwätzen, stammeln, stottern, tuscheln, sprechen, vorschlagen, vortragen, wispern

gehen

laufen, rennen, schreiten, wandern, marschieren, schleichen, huschen, eilen, hopsen, bummeln, waten, springen, flitzen, sich fortbewegen, hasten, humpeln, sausen, schlurfen, spurten, joggen, stapfen, trippeln

böse

zornig, heimtückisch, bitterböse, abscheulich, schlimm, hinterhältig, übel, sauer, boshaft, ekelhaft, fies, wütend, verärgert, frech, ungut, garstig, gehässig, unfreundlich, gemein, niederträchtig, hinterlistig, unangenehm, tückisch

Adjektive: Personenbeschreibungen

oval, rund, eckig, kurz, lang, schmal, groß, klein, mittelgroß, dick, dünn, mager, pummelig, mollig, schlank, zierlich, hellbraun, dunkelbraun, schwarz, blond, rot, braun, grau

Geräusche

Klang, Lärm, Laut, Geraschel, Krach, das Kreischen, Ton, Getöse, Gebrumm, Knall, das Knistern, das Knacken, das Summen, Schall, Geschrei, Geknister

sehen

gucken, ansehen, bemerken, beobachten, betrachten, blinzeln, erblicken, entdecken, spähen, erkennen, mustern, schauen, starren, besichtigen, wahrnehmen

Satzanfänge: Zeit

plötzlich, auf einmal, unerwartet, in diesem Augenblick, zuerst, nun, dann, danach, zunächst, als Nächstes, bevor, immer wieder, später, jetzt, während, einmal, schließlich, zuletzt, im Anschluss, damals, neulich, gleichzeitig, inzwischen, endlich, später, schließlich, im Laufe der Zeit, manchmal, oft, immer wieder, vor langer Zeit, vor kurzem

Die richtige Zeitform gebrauchen

Manche Vergangenheitsformen sind schwierig zu bilden.

1. Übertrage die Denkblasen. Verwende die richtigen Vergangenheitsformen.

Tipp Du findest die richtigen Vergangenheitsformen in der Tabelle auf S. 242–245.

2. Schreibe die Infinitivformen der Verben in den Denkblasen heraus und bilde die richtige Präsensform in der 2. Person Singular.

   Schreibe so: gewinnen → du gewinnst (s. S. 242–245).

3. Übertrage die Infinitive unten und bilde die richtigen Präsensformen in der 2. Person Singular. Markiere, was sich verändert hat.

   Schreibe so: messen → du misst.

   graben • helfen • essen • fahren • geben

   mögen • tragen • sehen • können • dürfen

Ayse ... (schreiben) einen langen Brief an ihre Mutter und ... (bringen) ihn sofort zum Briefkasten.

Der Schiedsrichter ... (pfeifen) einen Strafstoß, weil er ein Foul ... (sehen).

Die Angeklagte ... (schweigen) zu allen Fragen, die der Richter ... (vorlesen).

Du ... (fahren) mit dem Fahrrad zur Schule, obwohl es in Strömen ... (gießen).

Wir ... (mögen) es auf der Klassenreise am liebsten, wenn es Spaghetti ... (geben).

1. Übertrage die Textstellen, ersetze die Infinitivformen durch die richtigen Präteritumformen (s. S. 242–245).
2. Schreibe die Infinitivformen der Verben heraus und bilde die richtigen Perfektformen. Wähle unterschiedliche Personalformen (ich, du, er sie es, wir, ihr, sie).

Schreibe so: finden → wir haben gefunden

Infinitiv (Grundform)	Präsens (Gegenwart)	Präteritum (1. Vergangenheit)	Perfekt (2. Vergangenheit)
B			
befehlen	du befiehlst	sie befahl	er hat befohlen
beginnen	du beginnst	sie begann	er hat begonnen
beißen	du beißt	sie biss	er hat gebissen
biegen	du biegst	sie bog	er hat gebogen
bieten	du bietest	sie bot	er hat geboten
bitten	du bittest	sie bat	er hat gebeten
blasen	du bläst	sie blies	er hat geblasen
bleiben	du bleibst	sie blieb	er ist geblieben
braten	du brätst	sie briet	er hat gebraten
brechen	du brichst	sie brach	er hat gebrochen
brennen	es brennt	es brannte	es hat gebrannt
bringen	du bringst	sie brachte	er hat gebracht
D			
denken	du denkst	sie dachte	er hat gedacht
dürfen	du darfst	sie durfte	er hat gedurft
E			
empfangen	du empfängst	sie empfing	er hat empfangen
empfehlen	du empfiehlst	sie empfahl	er hat empfohlen
empfinden	du empfindest	sie empfand	er hat empfunden
erschrecken	du erschrickst du erschreckst ihn	sie erschrak sie erschreckte ihn	er ist erschrocken er erschreckte ihn
essen	du isst	sie aß	er hat gegessen
F			
fahren	du fährst	sie fuhr	er ist gefahren
fallen	du fällst	sie fiel	er ist gefallen
fangen	du fängst	sie fing	er hat gefangen
finden	du findest	sie fand	er hat gefunden
fliegen	du fliegst	sie flog	er ist geflogen
fliehen	du fliehst	sie floh	er ist geflohen
fließen	du fließt	sie floss	er ist geflossen
fressen	du frisst	sie fraß	er hat gefressen
frieren	du frierst	sie fror	er hat gefroren

Infinitiv (Grundform)	Präsens (Gegenwart)	Präteritum (1. Vergangenheit)	Perfekt (2. Vergangenheit)	
				G
geben	du gibst	sie gab	er hat gegeben	
gehen	du gehst	sie ging	er ist gegangen	
gelingen	es gelingt	es gelang	es ist gelungen	
gelten	es gilt	es galt	es hat gegolten	
geschehen	es geschieht	es geschah	es ist geschehen	
gewinnen	du gewinnst	sie gewann	er hat gewonnen	
gießen	du gießt	sie goss	er hat gegossen	
graben	du gräbst	sie grub	er hat gegraben	
greifen	du greifst	sie griff	er hat gegriffen	
				H
haben	du hast	sie hatte	er hat gehabt	
halten	du hältst	sie hielt	er hat gehalten	
hängen	du hängst	sie hing / sie hängte	er hat gehangen	
heben	du hebst	sie hob	er hat gehoben	
heißen	du heißt	sie hieß	er hat geheißen	
helfen	du hilfst	sie half	er hat geholfen	
				K
kennen	du kennst	sie kannte	er hat gekannt	
kommen	du kommst	sie kam	er ist gekommen	
können	du kannst	sie konnte	er hat gekonnt	
kriechen	du kriechst	sie kroch	er ist gekrochen	
				L
lassen	du lässt	sie ließ	er hat gelassen	
laufen	du läufst	sie lief	er ist gelaufen	
leiden	du leidest	sie litt	er hat gelitten	
leihen	du leihst	sie lieh	er hat geliehen	
lesen	du liest	sie las	er hat gelesen	
liegen	du liegst	sie lag	er hat gelegen	
lügen	du lügst	sie log	er hat gelogen	
				M
messen	du misst	sie maß	er hat gemessen	
mögen	du magst	sie mochte	er hat gemocht	

Infinitiv (Grundform)	Präsens (Gegenwart)	Präteritum (1. Vergangenheit)	Perfekt (2. Vergangenheit)
müssen	du musst	sie musste	er hat gemusst
N			
nehmen	du nimmst	sie nahm	er hat genommen
nennen	du nennst	sie nannte	er hat genannt
P			
pfeifen	du pfeifst	sie pfiff	er hat gepfiffen
R			
raten	du rätst	sie riet	er hat geraten
reißen	du reißt	sie riss	er hat gerissen
reiten	du reitest	sie ritt	er hat geritten
rennen	du rennst	sie rannte	er ist gerannt
riechen	du riechst	sie roch	er hat gerochen
rufen	du rufst	sie rief	er hat gerufen
S			
scheinen	du scheinst	sie schien	er hat geschienen
schieben	du schiebst	sie schob	er hat geschoben
schießen	du schießt	sie schoss	er hat geschossen
schlafen	du schläfst	sie schlief	er hat geschlafen
schlagen	du schlägst	sie schlug	er hat geschlagen
schleichen	du schleichst	sie schlich	er ist geschlichen
schließen	du schließt	sie schloss	er hat geschlossen
schmelzen	du schmilzt	sie schmolz	er hat geschmolzen
schneiden	du schneidest	sie schnitt	er hat geschnitten
schreiben	du schreibst	sie schrieb	er hat geschrieben
schreien	du schreist	sie schrie	er hat geschrien
schweigen	du schweigst	sie schwieg	er hat geschwiegen
schwimmen	du schwimmst	sie schwamm	er ist geschwommen
schwören	du schwörst	sie schwor	er hat geschworen
sehen	du siehst	sie sah	er hat gesehen
sein	du bist	sie war	er ist gewesen
senden	du sendest	sie sandte sie sendete	er hat gesandt er hat gesendet
singen	du singst	sie sang	er hat gesungen

Infinitiv (Grundform)	**Präsens** (Gegenwart)	**Präteritum** (1. Vergangenheit)	**Perfekt** (2. Vergangenheit)
sinken	du sinkst	sie sank	er ist gesunken
sitzen	du sitzt	sie saß	er hat gesessen
sprechen	du sprichst	sie sprach	er hat gesprochen
springen	du springst	sie sprang	er ist gesprungen
stechen	du stichst	sie stach	er hat gestochen
stehen	du stehst	sie stand	er hat gestanden
stehlen	du stiehlst	sie stahl	er hat gestohlen
steigen	du steigst	sie stieg	er ist gestiegen
stoßen	du stößt	sie stieß	er hat gestoßen
streiten	du streitest	sie stritt	er hat gestritten
			T
tragen	du trägst	sie trug	er hat getragen
treffen	du triffst	sie traf	er hat getroffen
treiben	du treibst	sie trieb	er hat getrieben
treten	du trittst	sie trat	er hat getreten
trinken	du trinkst	sie trank	er hat getrunken
tun	du tust	sie tat	er hat getan
			V
vergessen	du vergisst	sie vergaß	er hat vergessen
vergleichen	du vergleichst	sie verglich	er hat verglichen
verlieren	du verlierst	sie verlor	er hat verloren
verschwinden	du verschwindest	sie verschwand	er ist verschwunden
vorlesen	du liest vor	sie las vor	er hat vorgelesen
			W
wachsen	du wächst	sie wuchs	er ist gewachsen
waschen	du wäschst	sie wusch	er hat gewaschen
weichen	du weichst	sie wich	er ist gewichen
wenden	du wendest	sie wandte sie wendete	er hat gewandt er hat gewendet
werden	du wirst	sie wurde	er ist geworden
werfen	du wirfst	sie warf	er hat geworfen
			Z
ziehen	du ziehst	sie zog	er hat gezogen

Ausrufe machen eine Erzählung lebendig

„…“, rief die Oma, als der Ball zum dritten Mal auf ihren Balkon flog.

Die Lehrerin hat die Angewohnheit, bei richtigen Antworten „…“ zu sagen.

Nachdem der Fahrradschlauch ein Loch hatte, sie den Bus verpasste und feststellen musste, dass sie den Schlüssel vergessen hatte, stöhnte sie: „…“

„…“, sagte mein Freund, als ich ihm von dem tollen Spielergebnis erzählte.

„…“, entfuhr es ihm, als er sich in den Finger stach.

1. Vervollständige die Sätze mit passenden Ausrufen und schreibe sie auf.
2. Denke dir weitere Ausrufe aus und schreibe sie in Sprechblasen.
3. Suche dir einen Lernpartner. Ein Kind sagt einen Ausruf, das andere beschreibt in einem Satz, wann, wo und von wem der Ausruf gemacht wird.
4. Sammelt in der Klasse alle Ausrufe, die ihr gefunden habt. Schreibt sie auf ein Plakat. Verwendet sie beim Überarbeiten von Erzählungen.

Ein „Klassen-Buch“

1. Sammelt besonders gelungeneTexte, die in eurer Klasse geschrieben werden. Überlegt, ob ihr Texte z.B. zu einem Thema (Monatsgeschichten, s. S. 230) oder die Texte aller Kinder in das „Klassen-Buch“ aufnehmen wollt.
2. Überlegt, wer euer „Klassen-Buch“ lesen wird. Es ist gut geeignet als Geschenk, z.B. für eine Lehrerin oder ein Kind, die die Schule verlassen.
3. Entscheidet, welche Größe die Blätter eures Buches haben sollen.
4. Legt eine Reihenfolge der Texte fest und schreibt ein Inhaltsverzeichnis.
5. Gebt eurem Buch einen Titel und entwerft einen passenden Buchdeckel.
6. Gestaltet das „Klassen-Buch“. Ihr könnt Fotos, Zeichnungen, Postkarten, Kopien auch von anderen Texten, Collagen und vieles andere verwenden.
7. Achtet auf gute Lesbarkeit. Kontrolliert die Rechtschreibung, benutzt dazu den Findefix.
8. Fügt die einzelnen Blätter zu einem Buch zusammen, z.B. mit einer Spiralbindung, …
9. Wenn ihr euer „Klassen-Buch“ kopiert, könnt ihr es
   - als Erinnerung an die Grundschulzeit für euch behalten.
   - Eltern zu Weihnachten schenken.
   - …

Autorenstunde

Eigene Geschichten gut vorzutragen ist nicht einfach. Um eine schöne Atmosphäre herzustellen, solltet ihr einige Vorbereitungen treffen.

1. Bittet eure Lehrerin oder euren Lehrer eine Unterrichtsstunde für das Vortragen eurer Geschichten zur Verfügung zu stellen.
2. Stellt Tische und Stühle so, dass alle gut zuhören können.
3. Stellt einen Stuhl für das Autorenkind bereit und richtet ihn schön her.
4. Überlegt, ob ihr einen Blumenstrauß oder eine Kerze für diese besondere Gelegenheit in euren Klassenraum stellen wollt.
5. Das Autorenkind entscheidet, ob es Musik einsetzen möchte.
6. Bereitet euch gut auf das Vortragen vor.

Dazu einige Tipps:

Tipp A Lies deine Geschichte mehrmals für dich durch.

Tipp B Markiere in deiner Geschichte, was du besonders betonen willst.

Tipp C Füge Pausenzeichen in deinen Text ein, z.B. nach der Überschrift oder vor einer besonders wichtigen oder spannenden Stelle.

Tipp D …

7. Ihr könnt vor dem Vortrag verabreden, ob ihr als Zuhörer auf eine Sache besonders achten wollt: Lesetempo, Pausen, deutliche Aussprache, Betonung, …
8. Denkt daran, dem Autorenkind für seinen Vortrag Applaus zu geben.
9. In einer Autorenstunde können bis zu drei Autorenkinder vortragen.
10. Ihr könnt eure Vorträge in anderen Klassen oder vor Eltern oder anderen Gästen wiederholen.

Geschichten-Tisch

Auf Geschichten-Tischen werden Geschichten der Kinder einer Klasse vorgestellt. Alle können wählen, wie sie ihre Geschichte zeigen.

Dazu einige Tipps:

Tipp Lass die Überschrift deiner Geschichte weg. Lege leere Papierstreifen dazu und bitte deine Leser eine Überschrift zu finden.

Tipp Male zu deiner Geschichte ein Bild. Bitte deine Leser zu sagen, was von der Geschichte auf deinem Bild zu sehen ist.

Tipp Schreibe wichtige Wörter aus deiner Geschichte auf Kärtchen. Schummle ein Wort darunter, das nicht hineingehört. Lass deine Leser herausfinden, welches.

Tipp Bring einen Gegenstand mit, der in deiner Geschichte besonders wichtig ist, und verstecke ihn in einem Beutel. Lass deine Leser fühlen, was der Gegenstand mit deiner Geschichte zu tun hat.

Tipp Bereite den „roten Faden“ deiner Geschichte vor. Befestige an einem Faden ungeordnet Kärtchen mit den wichtigen Stellen der Handlung. Bitte deine Leser, die Kärtchen in die richtige Reihenfolge zu bringen.

1. Stellt eure Tische so um, dass ihr gut an ihnen vorbeigehen könnt.
2. Beim ersten Durchgang stellt die eine Hälfte der Klasse ihre Geschichten aus, beim zweiten Durchgang die andere.
3. Die Autorenkinder stehen an ihren Tischen.
4. Die anderen Kinder besuchen nacheinander die Geschichten-Tische, lesen die Geschichten und lösen die Leseaufgaben.

Bildwörterbuch Fremdsprachen

Deutsch · Englisch · Französisch · Türkisch

Wie du Wörter im Bildwörterbuch findest

Deutsche Wörter sind immer **schwarz** geschrieben.

Englische Wörter sind immer **grün** geschrieben.

Französische Wörter sind immer **blau** geschrieben.

Türkische Wörter sind immer **rot** geschrieben.

Beispiele:

der Fuchs
fox
le renard
tilki

die Schokolade
chocolate
le chocolat
çikolata

das Kleid
dress
la robe
elbise

Tipp

Du suchst das englische Wort für „Fuchs“, „Schokolade“ oder „Kleid“.

Schaue zuerst im Inhaltsverzeichnis und überlege, wo das Wort stehen könnte.

Schlage nach und überprüfe deine Vermutung.

Wenn du die richtige Seite im Bildwörterbuch gefunden hast, kannst du zuerst nach dem deutschen Wort und dann nach seiner Übersetzung suchen.

In der Schule • At school • A l'école • Okulda

die Lehrerin
teacher
la maîtresse
öğretmen

der Schüler
pupil
l'élève
öğrenci

die Tafel
board
le tableau
yazı tahtası

der Tisch
table
la table
masa

der Stuhl
chair
la chaise
sandalye

der Computer
computer
l'ordinateur
bilgisayar

der Füller
pen
le stylo
dolma kalem

das Buch
book
le livre
kitap

das Heft
exercise book
le cahier
defter

der Pinsel
paint brush
le pinceau
fırça

der Klebstoff
glue
la colle
zamk

der Spitzer
sharpener
le taille-crayon
kalemtıraş

der Bleistift
pencil
le crayon
kurşunkalem

das Lineal
ruler
la règle
cetvel

die Schere
scissors
les ciseaux
makas

der Radier-
gummi
rubber
la gomme
silgi

das Feder-
mäppchen
pencil case
la trousse
kalem kutusu

die Schul-
tasche
school bag
le cartable
okul çantası

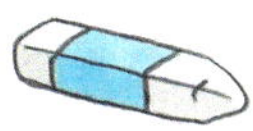

die Kreide
chalk
la craie
boya kutusu

der Malkasten
paintbox
la boîte de
couleurs
tebeşir

Zu Hause • At home • A la maison • Evde

die Mutter
mother
la mère
anne

der Vater
father
le père
baba

der Bruder
brother
le frère
erkek kardeş

die Schwester
sister
la soeur
kız kardeş

der Großvater
grandfather
le grand-père
dede

die Großmutter
grandmother
la grand-mère
nine; anneanne

der Onkel
uncle
l'oncle
dayı

die Tante
aunt
la tante
teyze

das Haus
house
la maison
ev

das Fenster
window
la fenêtre
pencere

die Tür
door
la porte
kapı

die Lampe
lamp
la lampe
lamba

der Spiegel
mirror
le miroir
ayna

der Schrank
cupboard
le placard
dolap

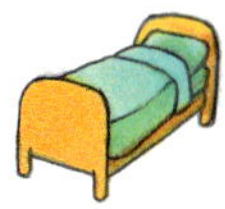
das Bett
bed
le lit
yatak

das Schlafzimmer
bedroom
la chambre à coucher
yatak odası

die Küche
kitchen
la cuisine
mutfak

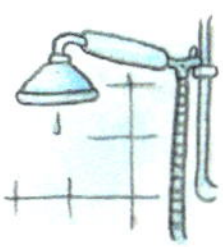
das Badezimmer
bathroom
la salle de bains
banyo odası

das Wohnzimmer
living room
le salon
oturma odası

der Fernseher
TV
la télé
televizyon

Tiere · Animals · Les animaux · Hayvanlar

die Katze
cat
le chat
kedi

der Hund
dog
le chien
köpek

der Hamster
hamster
l'hamster
dağfaresi

das Kaninchen
rabbit
le lapin
adatavşanı

die Maus
mouse
la souris
fare

die Schildkröte
tortoise
la tortue
kaplumbağa

der Fisch
fish
le poisson
balık

die Spinne
spider
l'araignée
örümcek

das Pferd
horse
le cheval
at

das Schaf
sheep
le mouton
koyun

die Kuh
cow
la vache
inek

das Schwein
pig
le cochon
domuz

der Vogel
bird
l'oiseau
kuş

die Ente
duck
le canard
ördek

das Huhn
chicken
la poule
tavuk

der Fuchs
fox
le renard
tilki

der Löwe
lion
le lion
aslan

der Tiger
tiger
le tigre
kaplan

der Bär
bear
l'ours
ayı

der Eisbär
polar bear
l'ours blanc
beyaz ayı

das Krokodil
crocodile
le crocodile
timsah

der Seehund
seal
le phoque
fok

der Pinguin
penguin
le pingouin
penguen

der Delfin
dolphin
le dauphin
yunusbalığı

der Affe
monkey
le singe
maymun

die Giraffe
giraffe
la girafe
zürafa

das Känguru
kangaroo
le kangourou
kanguru

das Kamel
camel
le chameau
deve

der Elefant
elephant
l'éléphant
fil

der Luchs
lynx
le lynx
vaşak

die Schlange
snake
le serpent
yılan

der Dinosaurier
dinosaur
le dinosaure
dinozor

Mein Körper · My body · Mon corps · Benim vücudum

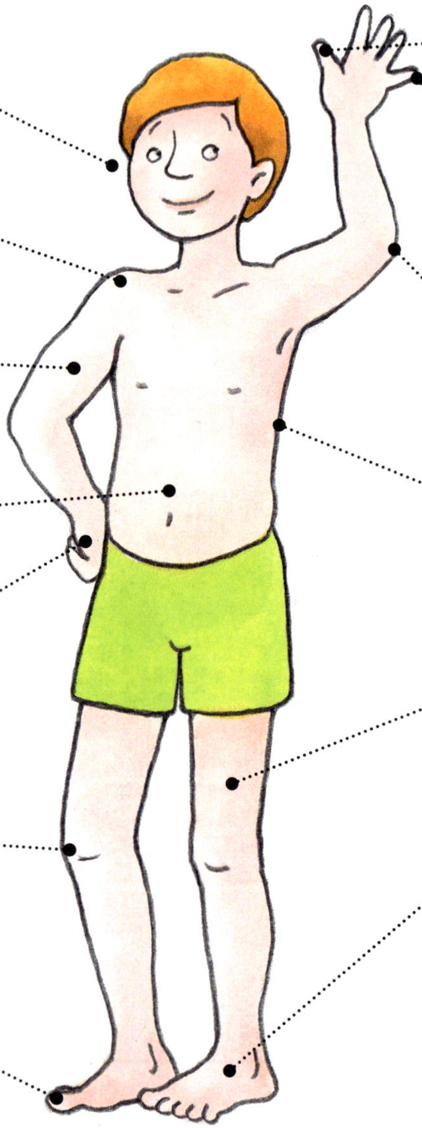

der Kopf
head
la tête
kafa

die Schulter
shoulder
l'épaule
omuz

der Arm
arm
le bras
kol

der Bauch
stomach
le ventre
karın

die Hand
hand
la main
el

das Knie
knee
le genou
diz

der Zeh
toe
l'orteil
ayak parmağı

der Daumen
thumb
le pouce
başparmak

der Finger
finger
le doigt
parmak

der Ellbogen
elbow
le coude
dirsek

der Rücken
back
le dos
sırt

das Bein
leg
la jambe
bacak

der Fuß
foot
le pied
ayak

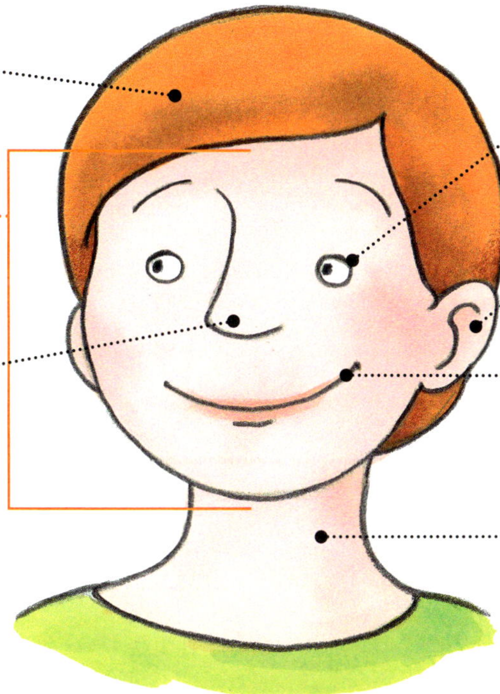

die Lippen
lips
les lèvres
dudak

die Zähne
teeth
les dents
dişler

die Zunge
tongue
la langue
dil

Kleidung · Clothes · Les vêtements · Giyim

die Hose
trousers
le pantalon
pantolon

das Sweatshirt
sweatshirt
le sweat-shirt
kazak

die Schuhe
shoes
les chaussures
ayakkapı

die Jacke
jacket
la veste
ceket

die Kappe
cap
la casquette
başlık

das T-Shirt
T-shirt
le T-shirt
tişört

das Kleid
dress
la robe
elbise

die Jeans
jeans
le jeans
blucin

der Mantel
coat
le manteau
palto

der Pullover
pullover
le pullover
kazak

der Schal
scarf
l'écharpe
şal

der Rock
skirt
la jupe
etek

die Socken
socks
les chaussettes
çorap

die Handschuhe
gloves
les gants
eldiven

die Shorts
shorts
le short
şort

der Schlafanzug
pyjamas
le pyjama
pijama

die Stiefel
boots
les bottes
çizme

der Bikini
bikini
le bikini
bikini

der Badeanzug
swimsuit
le maillot de bain
mayo

die Badehose
swimming trunks
le maillot de bain
mayo

Farben · Colours · Les couleurs · Renkler

rot
red
rouge
kırmızı

blau
blue
bleu
mavi

grün
green
vert
yeşil

gelb
yellow
jaune
sarı

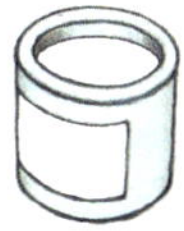

weiß
white
blanc
beyaz

schwarz
black
noir
siyah

lila
purple
violet
mor

braun
brown
marron
kahverengi

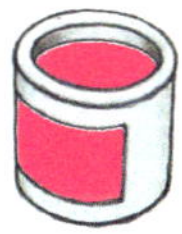

pink
pink
rose
pembe

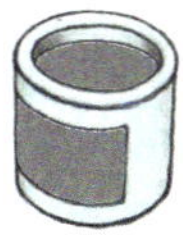

grau
grey
gris
gri

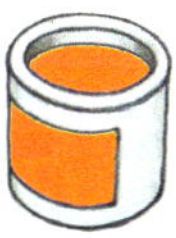

orange
orange
orange
turuncu

ocker
ochre
ocre
okra

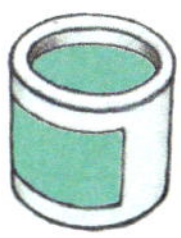

türkis
turquoise
turquoise
turkuaz

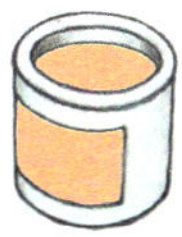

beige
beige
beige
bej

bunt
coloured
multicolore
karışık renkli

hellblau
light blue
bleu clair
açık mavi

dunkelblau
dark blue
bleu foncé
lâcivert

gepunktet
spotted
pointé
noktalı

gestreift
striped
rayé
çizgili

kariert
checked
quadrillé
kareli

Lebensmittel · Food · Les aliments · Yiyecekler

die Banane
banana
la banane
muz

der Apfel
apple
la pomme
elma

die Apfelsine
orange
l'orange
portakal

die Erdbeere
strawberry
la fraise
çilek

die Birne
pear
la poire
armut

die Ananas
pineapple
l'ananas
ananas

das Obst
fruit
les fruits
meyve

die Möhre
carrot
la carotte
havuç

die Tomate
tomato
le tomate
domates

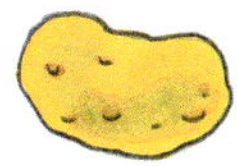

die Kartoffel
potato
la pomme de terre
patates

die Gurke
cucumber
le concombre
salatalık

das Gemüse
vegetables
les légumes
sebze

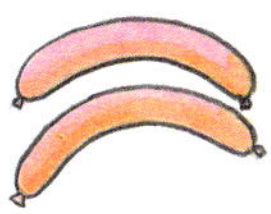

die Würstchen
sausages
les saucisses
sosis

der Käse
cheese
le fromage
peynir

das Ei
egg
l'oeuf
yumurta

das Brot
bread
le pain
ekmek

die Milch
milk
le lait
süt

der Obstsaft
fruit juice
le jus de fruit
meyve suyu

der Joghurt
yoghurt
le yaourt
yoğurt

die Schokolade
chocolate
le chocolat
çikolata

Zahlen · Numbers · Les nombres · Sayılar

0	1	2	3	4
null	eins	zwei	drei	vier
zero	one	two	three	four
zero	un	deux	trois	quatre
sıfır	bir	iki	üç	dört

5	6	7	8	9
fünf	sechs	sieben	acht	neun
five	six	seven	eight	nine
cinq	six	sept	huit	neuf
beş	altı	yedi	sekiz	dokuz

10	11	12	13	14
zehn	elf	zwölf	dreizehn	vierzehn
ten	eleven	twelve	thirteen	fourteen
dix	onze	douze	treize	quatorze
on	on bir	on iki	on üç	on dört

20	21	100	1000	1000000
zwanzig	einundzwanzig	hundert	tausend	eine Million
twenty	twenty-one	hundred	thousand	million
vingt	vingt et un	cent	mille	millions
yirmi	yirmi bir	yüz	bin	bir milyon

Jahreszeiten · Seasons · Les saisons · Mevsimler

der Winter
winter
l'hiver
kış

der Frühling
spring
le printemps
ilkbahar

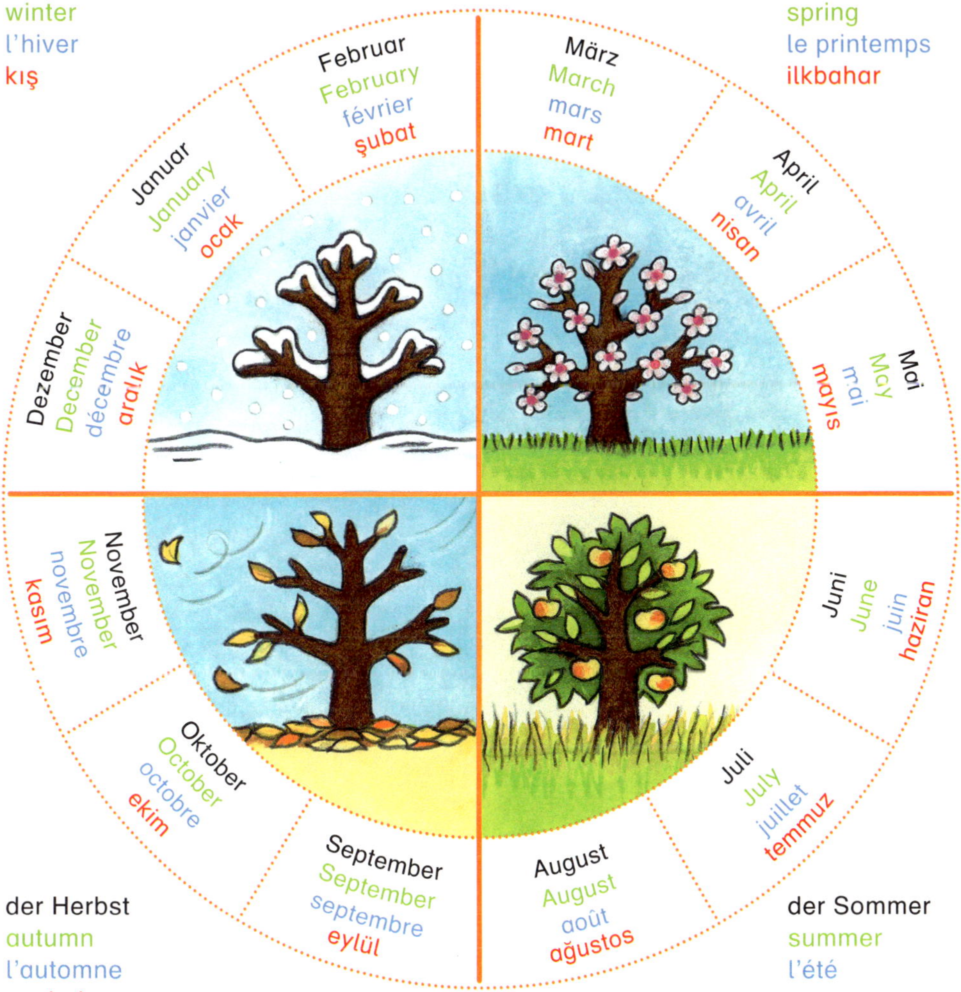

der Herbst
autumn
l'automne
sonbahar

der Sommer
summer
l'été
yaz

Wochentage · Days of the week · Les jours de la semaine · Haftanın günleri

1
Montag
Monday
lundi
pazartesi

2
Dienstag
Tuesday
mardi
salı

3
Mittwoch
Wednesday
mercredi
çarşamba

4
Donnerstag
Thursday
jeudi
perşembe

5
Freitag
Friday
vendredi
cuma

6
Samstag
Saturday
samedi
cumartesi

7
Sonntag
Sunday
dimanche
pazar

Zeit · Time · L'heure · Zaman

der Morgen
morning
le matin
sabah

der Mittag
noon
le midi
öğlen

der Nachmittag
afternoon
l'après-midi
öğleden sonra

der Abend
evening
le soir
akşam

die Nacht
night
la nuit
gece

ein Uhr
one o'clock
une heure
saat bir

viertel nach zwei
a quarter past two
deux heures et quart
ikiyi çeyrek geçiyor

halb drei
half past two
deux heures et demie
üç buçuk

viertel vor fünf
a quarter to five
cinq heures moins le quart
beşe çeyrek var

viertel nach sechs
a quarter past six
six heures et quart
altıyı çeyrek geçiyor

halb neun
half past eight
huit heures et demie
sekiz buçuk

neun Uhr
nine o'clock
neuf heures
saat dokuz

viertel vor zwölf
a quarter to twelve
midi / minuit moins le quart
onikiye çeyrek var

zwölf Uhr
twelve o'clock
midi / minuit
saat oniki

Interessen • Interests • Les intérêts • Ilgi alanı

Fußball spielen
playing football
jouer au football
futbol

Spielen
playing games
jouer
oynamak

Lesen
reading
lire
okumak

Tanzen
dancing
danser
dans etmek

Schwimmen
swimming
nager
yüzmek

Radfahren
riding a bike
faire du vélo
bisiklete binmek

Reiten
riding a horse
faire du cheval
ata binmek

Eislaufen
skating
faire du patin à glace
paten yapmak

Kochen
cooking
cuisiner
pişirmek

Malen
painting
peindre
boyamak

Freunde treffen
meeting friends
rencontrer des amis
arkadaşlarlan buluşmak

Shoppen
shopping
faire les magasins
alışveriş

Computerspiele
playing computer games
jouer des jeux vidéo
bilgisayar oyunları

Fernsehen
watching TV
regarder la télévision
televizyon izlemek

Musik hören
listening to music
écouter à la musique
müzik dinlemek

Gitarre spielen
playing guitar
jouer de la guitare
gitar çalmak

Auf der Straße • In the street • Dans la rue • Sokakta

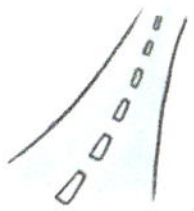

die Straße
street
la rue
sokak

das Auto
car
la voiture
araba

das Fahrrad
bike
le vélo
bisiklet

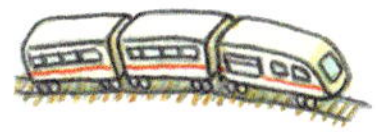

der Zug
train
le train
tren

die Kirche
church
l'église
kilise

der Bus
bus
l'autobus
otobüs

das Kino
cinema
le cinéma
sinema

der Bahnhof
station
la gare
istasyon

das Motorrad
motobike
le motocycle
motosiklet

das Taxi
taxi
le taxi
taksi

der Krankenwagen
ambulance
l'ambulance
ambülans

der LKW
lorry
le camion
kamyon

die Ampel
traffic lights
le feu
trafik lâmbası

die Bushaltestelle
bus stop
l'arrêt d'autobus
otobüs durağı

der Spielplatz
playground
le terrain de jeux
oyun parkı

die Bank
bench
le banc
bank

Wortart Verb

1. Was tun die Menschen und Tiere? Schreibe die Sätze mit passenden Verben auf. Markiere die Verben farbig.

Der kleine Hund ___ laut.

Morgens ___ die Kinder in die Schule.

Draußen ___ es.

Wir ___ heute meinen Geburtstag.

Der Vogel ___ über den Garten meiner Großeltern.

Die Frau ___ im See.

Alle ___ das verlorene Geld.

Verben beschreiben, was getan wird oder passiert.

2. Lege dir diese Tabelle an. Schreibe in jede Spalte weitere Verben im Infinitiv. Tausche dich mit einem anderen Kind aus und ergänze.

-en	-ern	-eln
schwimmen	wandern	paddeln
spielen	…	…
turnen		
…		

Für die erste Spalte wirst du die meisten Verben finden.

Verben enden im Infinitiv mit -en, -ern oder -eln.

3. Schreibe alle Personalformen des Verbs **malen** auf. Markiere die Pronomen und die Endbausteine farbig.

malen

ich male	es malt
du malst	wir malen
er malt	ihr malt
sie malt	sie malen

4. **kaufen** Bilde zu diesem Verb die Personalformen.

Schreibe auf und markiere.

Verben werden in verschiedenen Personalformen gebraucht.

5. Schreibe die Sätze in der passenden Zeitform auf.

suche • werde suchen • suchte

Gestern ______ ich nach meinem Teddybär.

Heute ______ ich meine Armbanduhr.

Morgen ______ ich wohl meinen Kopf ______ .

wird fahren • fuhr • fährt

Gestern ______ meine Mama mich zur Schule.

Heute ______ mein Papa mich.

Morgen ______ wieder meine Mama ______ .

Verben werden in verschiedenen Zeitformen gebraucht.

Wortart Nomen

1. Welche Namen gibt es für Menschen, Tiere, Pflanzen, ...?
Lege dir diese Tabelle an. Schreibe in jede Spalte weitere Nomen.

Menschen	Tiere	Pflanzen
die Frau der Koch der Freund ...	der Elefant das Schwein die Fliege ...	die Tulpe das Gras der Salat ...
Dinge	**Gefühle/Gedanken**	**Ereignisse**
das Telefon der Stift die Schachtel ...	die Liebe der Neid die Idee ...	der Autounfall die Feier der Spaziergang ...

Nomen sind Namen für Menschen, Tiere, Pflanzen, Dinge, Gefühle/Gedanken, Ereignisse, ...

2. Vergleiche die Bedeutung der beiden Sätze:

- Ich habe **die** Lehrerin auf dem Gang getroffen.
- Ich habe **eine** Lehrerin auf dem Gang getroffen.

Ordne die Aussagen dem passenden Satz zu und besprich dich mit einem anderen Kind:

Es war meine Lehrerin auf dem Gang.

Es war irgendeine Lehrerin auf dem Gang.

bestimmte Artikel	unbestimmte Artikel
der die das	**ein eine**

3. Schreibe zu jedem der folgenden Nomen zwei Sätze:

Heft • Hund • Mama • Blume • Fußball

- einmal mit dem bestimmten Artikel, um es genau zu sagen,
- einmal mit dem unbestimmten Artikel, um es allgemeiner zu sagen.

Jedes Nomen hat einen bestimmten und einen unbestimmten Artikel.

ein Vogel

eine Gurke

ein Heft

viele Vögel

viele Gurken

viele Hefte

4. Falte ein Blatt in der Mitte. Schreibe auf die linke Seite 15 Nomen, die dir einfallen. Schreibe auf die rechte Seite jeweils den Plural dazu. Kontrolliere mit dem Findefix.

Nomen werden im Singular und Plural gebraucht.

5. Bilde mit den Wörtern **Lehrer**, **Katze** und **Heft** jeweils vier Sätze wie es im Beispiel mit dem Wort Hund gemacht wurde.

1. Fall Wer oder was?	Nominativ	**Der Hund** bellt.
2. Fall Wessen?	Genitiv	Der Knochen **des Hundes** ist weg.
3. Fall Wem?	Dativ	Der gelbe Ball gehört **dem Hund**.
4. Fall Wen oder was?	Akkusativ	Mia ruft **den Hund**.

Nomen werden in den vier Fällen gebraucht.

Wortart Adjektiv

1. Wie sind die Menschen, Tiere und Dinge? Schreibe mit passenden Adjektiven auf. Markiere die Adjektive farbig.

der ______ Clown

die ______ Blume

die ______ Schüler

die ______ Katze

der ______ Stuhl

Mit Adjektiven kann man Eigenschaften benennen.

2. Überlege dir passende Adjektive, um die Bilder einer Reihe zu vergleichen. Suche die Adjektive im Findefix und schreibe sie in eine Tabelle.

lang	länger	am längsten

Grundform	1. Vergleichsstufe	2. Vergleichsstufe
lang	länger	am längsten

3. Ergänze die Tabelle mit weiteren Adjektiven und deren Vergleichsformen. Markiere die Gemeinsamkeiten in der 1. und in der 2. Vergleichsstufe farbig und tausche dich mit einem anderen Kind aus.

Mit Adjektiven kann man vergleichen.

Wortart Pronomen

1. Setze in die Lücken die passenden Pronomen ein. Schreibe auf.

ich | du | er | sie | es | wir | ihr | sie

Oma geht zur Arbeit. Morgens muss ___ sich beeilen.

Leonie und Kilian sind im Garten. ___ spielen Verstecken.

Mein Name ist Valerie. ___ bin acht Jahre alt.

Das Kätzchen miaut. ___ hat bestimmt Hunger.

Pronomen brauchst du zum Texte überarbeiten. Siehe Seite 237.

Pronomen können Nomen ersetzen.

2. Schreibe zu den Pronomen **du**, **er** und **wir** jeweils vier Sätze wie es im Beispiel mit dem Wort ich gemacht wurde.

1. Fall Nominativ Wer oder was?	**Ich** habe heute eine Stunde Kunst.
2. Fall Genitiv Wessen?	Das sind **meine** Stifte.
3. Fall Dativ Wem?	Die Lehrerin gibt **mir** ein Blatt.
4. Fall Akkusativ Wen oder was?	Mein Nachbar malt **mich**.

Pronomen werden in den vier Fällen gebraucht.

Zusammengesetzte Wörter

der Suppen teller — der Kuchen teller — der Obst teller

Bestimmungswort Grundwort

Zusammengesetzte Wörter helfen mir, etwas genauer zu beschreiben.

Das Bestimmungswort beschreibt das Nomen genauer. Das Grundwort entscheidet über den Artikel des zusammengesetzten Wortes.

1. Schreibe folgende zusammengesetzte Nomen mit Artikel auf.

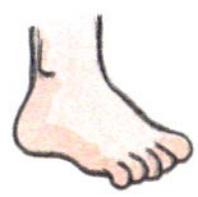

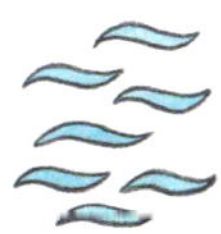

Manchmal verändert sich das Bestimmungswort am Ende.

2. Setze zu neuen Nomen zusammen. Schreibe mit Artikel auf und markiere das Grundwort farbig.

turnen +  kühl +  lesen +  bunt + 

Zusammengesetzte Nomen können auch aus Verb + Nomen oder Adjektiv + Nomen bestehen.

Satzarten

Wann hast du heute Schulschluss
Toll, wie hell unser Klassenzimmer ist
Ich gehe gern zur Schule

Es werden drei Satzarten mit unterschiedlichen Zeichen am Ende des Satzes unterschieden: Aussagesatz . Fragesatz ? Ausrufesatz !

1. Lies die Sätze oben. Überlege, welche Satzzeichen an das Ende der Sätze gehören. Schreibe die Sätze mit Satzzeichen auf.
2. Lies die folgenden Sätze halblaut.

Warum findest du das Buch spannend
Bring mir bitte meine CD zurück
Verliere den Schlüssel nicht
Ich esse lieber Gummibärchen
Endlich sind Ferien
Das hätte ich nicht gedacht
Kennst du schon meinen neuen Lieblingsfilm
Wann ist der nächste Ausflug

3. Tausche dich mit einem anderen Kind Satz für Satz aus. Versuche, die Sätze so zu lesen, dass man die Satzart heraushören kann.
4. Schreibe alle Sätze auf. Setze das passende Satzzeichen am Ende.
5. Denke dir zu jeder Satzart zwei Beispielsätze aus. Du kannst sie auch in deinen Texten suchen.

6. Lies den Text halblaut und mache eine Pause, wenn du das Ende eines Satzes vermutest. Überlege, welches Zeichen am Ende des Satzes stehen muss.

> MEHMET UND LUISE HABEN BEIM AUSFLUG
> EIN LEERES NEST IM WALD GEFUNDEN SIE
> UNTERSUCHEN ES NÄHER WELCHER
> VOGEL HAT WOHL DARIN GEBRÜTET WAS
> IST MIT DEN JUNGEN GESCHEHEN SIE
> ZEIGEN DAS NEST IHRER LEHRERIN SIE
> SCHLÄGT VOR DEN FÖRSTER ZU FRAGEN
> DAS IST WIRKLICH EINE GUTE IDEE

7. Tausche dich mit einem anderen Kind Satz für Satz aus. Versuche, die Sätze so zu lesen, dass man die Satzart heraushören kann.

8. Schreibe den Text in richtiger Schreibweise mit Satzzeichen auf. Markiere die Satzzeichen am Satzende und die Großschreibung am Satzanfang farbig.

Wörtliche Rede

Die Reporterin fragt:
„Wie viele Schülerinnen und Schüler besuchen diese Schule?“

Die wörtliche Rede steht häufig zusammen mit einem Begleitsatz.

______ : „ ～～～～ ?“
Begleitsatz — wörtliche Rede

Mein Hamster muss zum Tierarzt.

Wann hat die Tierärztin Sprechstunde?

Hoffentlich hat er nichts Schlimmes!

1. Ergänze die wörtliche Rede in den Sprechblasen mit passenden Begleitsätzen. Verwende als Muster:

______ : „ ～～～～ .“
______ : „ ～～～～ !“
______ : „ ～～～～ ?“

Schreibe die Sätze auf, setze die richtigen Satzzeichen und markiere sie farbig.

2. Ergänze jeden Begleitsatz mit einer passenden wörtlichen Rede. Verwende die Muster wie in Aufgabe 1. Setze die richtigen Satzzeichen und markiere sie farbig.

Die Verkäuferin fragt • Opa erzählt • Die Sportlehrerin erklärt

3. Denke dir je einen Satz nach den Mustern in Aufgabe 1 aus und schreibe sie mit richtiger Zeichensetzung auf. Markiere alle Satzzeichen farbig.

„Mein Lieblingsplatz ist das Hochbett“, verrät Sonja.

Manchmal steht der Begleitsatz nach der wörtlichen Rede.

„〰〰〰〰“ ____________.
wörtliche Rede — Begleitsatz

Bei vielen Kindern sind Höhlen beliebt.

Am schönsten sind geheime Lieblingsplätze.

Alle Kinder haben Lieblingsplätze.

4. Ergänze die wörtliche Rede in den Sprechblasen mit passenden Begleitsätzen. Verwende das Muster „〰〰〰“, ____________.

Schreibe auf, setze die richtigen Satzzeichen und markiere sie farbig. Achte auf das Komma zwischen wörtlicher Rede und Begleitsatz.

5. Denke dir einen Satz nach diesem Muster aus und schreibe ihn mit richtiger Zeichensetzung auf. Markiere alle Satzzeichen farbig.

„Wie lange hast du an diesem Bild gemalt?“, fragt Moritz. …
„Das ist aber nicht lange!“, staunt er.

Hier besteht die wörtliche Rede aus einem Fragesatz bzw. einem Ausrufesatz. Achte auf das Komma zwischen wörtlicher Rede und Begleitsatz.

„〰〰〰〰?“, ____________.
„〰〰〰〰!“, ____________.

6. Denke dir zu jedem der beiden Muster einen Satz aus. Beachte das Komma zwischen wörtlicher Rede und Begleitsatz auch hier. Markiere alle Satzzeichen farbig.

Satzglieder

Wir	gehen	mit der Klasse	in den Zirkus.
Mit der Klasse	gehen	wir	in den Zirkus.
In den Zirkus	gehen	wir	mit der Klasse.
Gehen wir		mit der Klasse	in den Zirkus?

Die Teile des Satzes, die man verschieben kann, nennt man **Satzglieder**. Sie können aus einem Wort oder aus mehreren Wörtern bestehen.

1. Bilde aus den folgenden Satzgliedern die Sätze, die möglich sind, und schreibe sie in richtiger Schreibweise auf. Umrahme die Satzglieder.

KOMMT | HEUTE | IN UNSERE STADT | EIN ZIRKUSWAGEN

2. Schreibe die Sätze auf. Stelle die Satzglieder jedes Satzes um. Schreibe alle Möglichkeiten auf. Umrahme die einzelnen Satzglieder wie oben.

Die Clowns stolperten über ein Hindernis.
Atemlos beobachteten die Zuschauer die Seiltänzerin.
Am Ende der Vorstellung klatschte das Publikum.

3. Schreibe hinter jeden Satz von Aufgabe 2, wie viele Satzglieder du herausgefunden hast. Vergleiche dein Ergebnis mit einem anderen Kind.

4. Suche in deinen Texten Aussagesätze und erprobe das Umstellen. Ein Tipp: Nicht jede Satzstellung ist sinnvoll. Wenn du dir unsicher bist, lies den Satz halblaut.

Mit dem Umstellen von Satzgliedern kannst du deine Texte verbessern. Sie können so spannender oder abwechslungsreicher werden.

Satzglied: Prädikat

Im Sommer	**öffnet**	der Zoo	um 9.00 Uhr.
Der Zoo	**öffnet**	im Sommer	um 9.00 Uhr.
Um 9.00 Uhr	**öffnet**	der Zoo	im Sommer.

In Aussagesätzen bleibt ein Satzglied immer an der 2. Stelle.
Es heißt **Prädikat**. Es ist immer ein Verb.

1. Finde passende Prädikate und schreibe die Sätze auf.
   Umrahme die Satzglieder. Markiere das Prädikat farbig.

   Viele Besucher ___ in den Zoo.
   Die Eisbärin ___ mit ihrem Kind.
   Du ___ das neugeborene Löwenbaby.

2. Denke dir unterschiedliche passende Prädikate aus und bilde damit Sätze.
   Schreibe sie auf und markiere die Prädikate farbig.

   DIE TIERPFLEGERIN   DIE AFFEN   IM FREIGEHEGE   ...

3. Tausche deine Sätze aus Aufgabe 2 mit einem anderen Kind aus und vergleiche.

4. Bilde Sätze mit den Verben unten zum Thema „Zoo“ und schreibe sie auf.
   Verwende Prädikate in unterschiedlichen Personalformen,
   z.B.: ich finde, du beobachtest, wir bringen, ...

   finden • beobachten • pflegen • säubern • füttern • bringen • streicheln

Satzglied: Subjekt

Nachts schleicht die Katze durch den Wald.
Durch den Wald schleicht nachts ein Indianer.
Wölfe schleichen nachts durch den Wald.

Das **Subjekt** eines Satzes finde ich mit der Wer-oder-Was-Frage.

1. Stelle die Wer-oder-Was-Frage zu jedem Satz oben. Schreibe sie mit Antwort auf.
2. Vergleiche mit einem anderen Kind.
3. Vervollständige jeden Satz unten mit einem Subjekt. Schreibe die Sätze auf und markiere die Subjekte.

Nachts funkeln ____ am Himmel.
____ freuen sich auf die Ferien.
Im Schwimmbad steht ____ .

4. Lies einem anderen Kind einen Satz aus Aufgabe 3 vor. Bitte es, das Subjekt des Satzes mithilfe der Wer-oder-Was-Frage zu finden.
5. Schreibe mit einem anderen Kind einen Satz mit mehreren Satzgliedern auf. Stellt die Wer-oder-Was-Frage und markiert das Subjekt.

Satzglied: Akkusativobjekt

Die Trainerin lobt die Mannschaft.
Der Stürmer schießt ein Tor.
Der Tennisspieler sucht den Ball.

Das **Akkusativobjekt** finde ich mit der Wen-oder-Was-Frage.

1. Stelle die Wen- oder Was-Frage zu jedem Satz oben. Schreibe sie mit Antwort auf.
2. Vergleiche mit einem anderen Kind.
3. Beantworte jede Frage mit einem vollständigen Satz. Schreibe ihn auf. Markiere jedes Akkusativobjekt.

Wen oder was schleudert Michael?
Wen oder was sieht Judith auf der Straße?

4. Vergleiche mit einem anderen Kind.
5. Ergänze in jedem Satz ein Akkusativobjekt. Schreibe die Sätze auf und markiere das Akkusativobjekt. Kontrolliere mit der Wen-oder-Was-Frage.

Tina schreibt ______ am Tisch.
Mutter liest ______ .
In der Küche kocht ihr Vater ______ .

6. Vergleiche mit einem anderen Kind.

Satzglied: Dativobjekt

Das Mädchen glaubte dem Jäger.
Der Hahn stieg der Katze auf den Rücken.
Der Spiegel antwortete der Königin.

Das **Dativobjekt** finde ich mit der Wem-Frage.

1. Stelle die Wem-Frage zu jedem Satz oben. Schreibe sie mit Antwort auf.
2. Vergleiche mit einem anderen Kind.
3. Vervollständige jeden Satz mit einem Dativobjekt. Schreibe die Sätze auf.

Die Zwerge helfen ___.
Die Kinder folgen ___.
Am Ende dankt der König ___.

4. Lies einem anderen Kind einen Satz aus Aufgabe 3 vor. Bitte es, das Dativobjekt des Satzes mithilfe der Wem-Frage zu finden.
5. Bilde mit den Verben Sätze. Schreibe sie auf. Kontrolliere mit der Wem-Frage und markiere jedes Dativobjekt.

begegnen • zeigen • geben • gratulieren • gelingen • gehören

6. Vergleiche mit einem anderen Kind.